D1200861

LA GAUCHE DIVINE

Chronique des années 1977-1984

DU MÊME AUTEUR

LE SYSTÈME DES OBJETS, Les Essais, Gallimard, 1968.

LA SOCIÉTÉ DE CONSOMMATION, Le Point, Denoël, 1970.

POUR UNE CRITIQUE DE L'ÉCONOMIE POLITIQUE DU SIGNE, Les Essais, Gallimard, 1972.

LE MIROIR DE LA PRODUCTION, Casterman, 1973.

L'ÉCHANGE SYMBOLIQUE ET LA MORT, Sciences Humaines, Gallimard, 1976.

OUBLIER FOUCAULT, Galilée, 1977.

L'EFFET BEAUBOURG, Galilée, 1977.

A L'OMBRE DES MAJORITÉS SILENCIEUSES, Cahiers d'Utopie, 1978.

LE P.C. OU LES PARADIS ARTIFICIELS DU POLITIQUE, Cahiers d'Utopie, 1978.

DE LA SÉDUCTION, Galilée, 1979.

SIMULACRES ET SIMULATION, Galilée, 1981.

LES STRATÉGIES FATALES, Grasset, 1983.

JEAN BAUDRILLARD

" LA GAUCHE DIVINE

DIVINE

Chronique des années 1977-1984 "

BERNARD GRASSET

PARIS

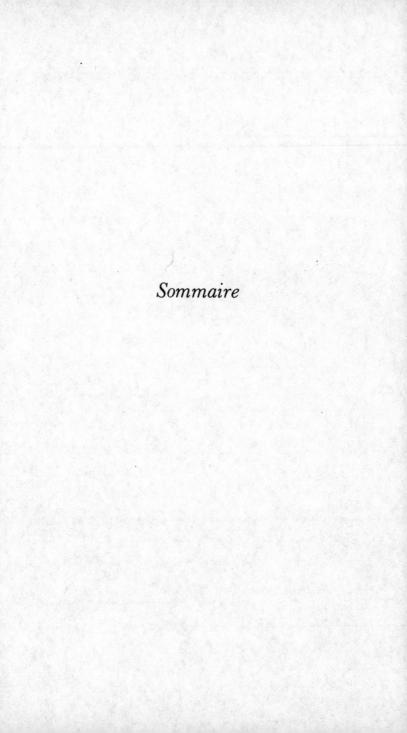

Sommaire

1
Le calvaire
de l'Union de la gauche

Mars 1977

La lutte enchantée
ou la flûte finale

Un spectre hante les sphères du pouvoir : c'est le communisme. Mais un spectre hante les communistes eux-mêmes : c'est le pouvoir.

Tout est truqué dans le scénario politique actuel, réglé par un simulacre de tension révolutionnaire et de prise de pouvoir par les communistes (et la gauche en général); en fait, derrière toute une mise en scène où les communistes continuent de se dévouer pour faire front à la droite et préserver ainsi tout l'édifice, c'est la hantise négative du pouvoir qui les travaille et leur donne une force d'inertie toujours nouvelle, c'est la honte de la révolution qui les stimule. Ils ne sont pas seuls dans ce cas, car la politique échappe à tout le monde, et la droite elle-même est sans ressort. Mais il se trouve que les communistes sont toujours apparus historiquement, dans la perspective léniniste à laquelle tout le monde adhère (et à laquelle eux-mêmes croient être fidèles), comme *politiques,* voire des professionnels de la prise de pouvoir. C'est donc chez eux que la défaillance, la déchéance politique est la plus flagrante. Peur du pouvoir qui infirme même la perspective ouverte par

Sanguinetti dans le *Véridique Rapport sur les dernières chances de sauver le capitalisme en Italie,* de
voir les communistes prendre la relève de la classe
dominante dans l'exercice du pouvoir et la gestion
politique du capital (les dernières élections italiennes
ont démasqué cette *utopie* encore nourrie du vieil
idéalisme cynique de la lutte de classes).

D'où leur vient cette impuissance, cette castration? Qui leur a noué l'aiguillette? Et par quelle
magie échouent-ils toujours, près du but, et nullement par défi comme le coureur de fond qui dans sa
solitude choisit de perdre et de nier ainsi la règle du
jeu — non, pourquoi échouent-ils irrésistiblement à
portée du pouvoir, pourquoi freinent-ils désespérément comme dans les bandes dessinées, à la vue de
l'abîme du pouvoir?

Berlinguer déclare : « Il ne faut pas avoir peur de
voir les communistes prendre le pouvoir en Italie. »
Formule idéalement ambiguë, puisqu'elle peut signifier :

— qu'il n'y a pas à avoir peur, puisque les
communistes, s'ils arrivent au pouvoir, ne change-
ront rien à son mécanisme capitaliste fondamental;

— qu'il n'y a aucun risque qu'ils arrivent *jamais*
au pouvoir pour la raison qu'ils n'en veulent pas;

— mais aussi : qu'en fait, le pouvoir, un véritable
pouvoir n'existe plus — il n'y a plus de pouvoir — et
donc aucun risque que quelqu'un le prenne ou le
reprenne;

– et encore : JE (moi, Berlinguer) n'ai pas peur de voir les communistes prendre le pouvoir en Italie – ce qui peut paraître logique, voire évident, mais au fond pas tant que ça puisque ça peut vouloir dire le contraire (pas besoin de psychanalyse pour ça) : J'AI PEUR de voir les communistes prendre le pouvoir en Italie (et il y a de bonnes raisons à cela, fût-ce pour un communiste).

Tout cela est vrai simultanément. C'est le secret d'un discours dont l'ambiguïté traduit d'elle-même la dérive du pouvoir. Impossibilité d'une position déterminée du discours. Impossibilité d'une position déterminée de pouvoir. Degré zéro de la volonté politique. Tous les partis font les frais de cette liquidation, mais ce sont les communistes qui témoignent le plus cruellement de cette abolition de la volonté de puissance politique.

L'affaire du « faux » document circulaire de Moscou au parti communiste portugais sur les moyens les plus efficaces de prendre le pouvoir. Incroyable naïveté de tous les acteurs de ce vaudeville. Il fallait bien que ce soit la gauche contrariée qui lance ce canard afin de ressusciter une énergie politique des communistes qu'ils ont depuis longtemps perdue. A l'ombre des partis communistes en fleur, il n'y a plus depuis longtemps qu'une gauche vierge qui attend de se faire violer par la droite. Faux ou vrai ce document? Aucune importance, puisque c'est évidemment l'inverse qui est vrai : à savoir que les communistes sont depuis longtemps *programmés* pour ne pas prendre le pouvoir. C'eût été le plus bel exemple de simulation offensive de lancer un faux inverse : « Directives de Moscou à tous les partis communistes mondiaux sur les moyens les plus efficaces de ne jamais prendre le pouvoir. »

Contre tout le truquage de la sphère politique, qui tourne autour de l'idée de subversion de l'ordre actuel par le parti communiste, contre ce leurre où tout le monde est complice, il eût fallu injecter cette simulation destructrice, un faux qui prenne à revers tout ce modèle de simulation politique actuel.

Eux-mêmes (car tout se passe comme s'ils le savaient) avancent toutes sortes de bonnes raisons, en termes de rapports de forces, de situation « objective », etc. : on ne prend pas le pouvoir en période de crise (ce qui équivaudrait à gérer la crise du capital, or on sait que le capital n'attend que cette relève gestionnaire, voir Sanguinetti). Mais ceci bien sûr est absurde puisque la crise résolue ne laisse plus aucune chance à une « relève » révolutionnaire.

Autre explication, tactique encore, mais plus complexe : si le parti prend le pouvoir, il se trouve dans un dilemme, ou bien tomber dans le réformisme total pour préserver son électorat – et dans cette perspective il est perdant devant les socialistes (plus généralement, dans la perspective réformiste, la gauche est perdante devant la droite, qui fait ça bien mieux) –, ou bien il est sommé d'assurer ses perspectives révolutionnaires, et il est immédiatement balayé. Coincé des deux côtés, le parti n'a d'autre choix que de se maintenir juste en deçà de la ligne du pouvoir, où il peut apparaître comme ayant *vocation* de triompher, et sauver ainsi son image, sans cependant rien faire pour sauter par-dessus son ombre, dans l'épreuve de réalité du pouvoir, où il se perdrait sans retour. Du même coup, il permet à la droite de jouer continuellement de cette imminence d'une victoire communiste pour se maintenir au pouvoir par inertie. Ainsi fonctionne le tourniquet politique, scénario sans fin où les jeux sont faits et où les mêmes cartes se redistribuent à tout coup.

Cependant ceci n'explique toujours pas pourquoi les communistes sont incapables du jeu politique, c'est-à-dire d'assumer politiquement une dissociation des moyens et des fins – principe du politique où le pouvoir est la fin et les moyens n'importe lesquels –, eux sont obnubilés par les moyens et ont perdu de vue toutes les fins, ils sont obnubilés par les résultats progressifs, la lente progression des masses, la prise de conscience historique, etc., ils ne croient plus qu'à tout cela et à force de vouloir, en bonne éthique superkantienne, homogénéiser les moyens et les fins, à force d'avoir fait du pouvoir lui-même un moyen, ils ont perdu l'envergure de le prendre. Ils se sont dessaisis de toute violence politique – de ce fait, ils en sont partout et toujours les victimes, et n'entretiennent plus que ce mythe misérabiliste des masses dominées par un pouvoir exploiteur. C'est la seule substance de tous leurs discours, récrimination lamentable et bêlante s'adressant à quelle pitié, à quelle instance de justice, à quel dieu qui les vengerait du capital?

Les communistes n'ont peut-être jamais vraiment

eu le goût du pouvoir [1]. *En tant que communistes,* ils
n'ont sans doute jamais eu que le goût de la
domination *bureaucratique* – ce qui est différent de
l'exercice politique, et n'en est que la caricature.

Pourtant le stalinisme est encore chargé de violence politique, parce qu'il déborde la pure et simple
valeur d'usage de l'histoire, des masses, du travail et
du social. Il a encore quelque chose d'un imperium
absurde, déchaîné au-delà d'une finalité rationnelle

1. En tant que *révolutionnaires,* les choses sont bien sûr très
différentes, et il y aurait beaucoup à dire là-dessus. Car, entre
l'immoralité qui fut celle du capital et qui est le ressort de l'exercice du
pouvoir, et la moralité incurable qui en interdit désormais l'exercice
politique aux communistes (les deux frayant historiquement ensemble), une autre voie a été frayée par le prolétariat du XIXᵉ siècle, défi
frontal au pouvoir par la mort, dans les insurrections écrasées, et
singulièrement dans la Commune. On a reproché à Marx de ne
s'intéresser aux luttes ouvrières que lorsqu'elles sont vaincues *(Luttes
de classes en France, 18 Brumaire, la Commune).* Pas con ce Marx.
Car enfin c'est là qu'elles deviennent intéressantes : quand le sujet de
l'histoire est écrasé. Pour une fois que Marx est *immoral* et pressent
quelque chose dans la destruction de ce qu'il a de plus cher : cette
finalité linéaire ou dialectique de la Raison, cette raison prolétarienne
victorieuse – peut-être sait-il en profondeur l'absurdité de tout cela et
de la prise de pouvoir? Peut-être en a-t-il su plus long sur le pouvoir,
flairé Lénine et Staline, et, derrière le calcul ascendant de l'histoire,
supputé que l'écrasement de « la classe » (écrasement insensé de la
classe-sujet, là, tout de suite, et sans attendre l'écrasement raisonnable
de la classe dominante) était encore le seul défi possible. Au fond, il
n'est de bon prolétariat, comme de bon Indien, que mort. Mais c'est
vrai dans un autre sens, mortel celui-ci pour tout pouvoir et toute
bureaucratie. A certains moments de l'histoire, le prolétariat a joué sa
propre destruction (contre Marx lui-même, *cf.* la Commune), et ceci
en échange d'aucun pouvoir présent ou futur, mais contre tout
pouvoir. Ceci n'entre dans aucune dialectique, à jamais innommable,·
mais quelque part cette énergie de mort transparaît aujourd'hui dans
la dérision de toutes les institutions, y compris révolutionnaires, qui
ont pensé l'enterrer.

du social (erreur de Glucksmann sur la logique
terroriste des camps staliniens, camps de « travail »
par opposition aux camps d'extermination nazis, et
qui par là même serait un modèle plus accompli de
la domination). Là est peut-être le secret de la
défaillance des communistes, de leur complexe d'impuissance politique : c'est que, depuis Staline et sa
mort, ils se sont *alignés de plus en plus sur la valeur
d'usage,* sur une croyance naïve en une transparence
possible de l'histoire, du social – par élimination de
toute autre dimension que celle d'une saine gestion
des choses, par où ils sont retombés dans une
moralité inouïe depuis les plus beaux jours du
christianisme. Ayant perdu ce qu'il y avait d'immoral, démesuré, dans l'idée de révolution qui aurait
défié le capital sur le terrain de sa virulence (et non
sur celui de sa rationalité prétendue) – c'est une bien
pauvre révolution que celle qui ne fait que prendre
la relève du capital dans son impuissance à gérer la
chose publique. Dans son éthique « sauvage », le
capital, lui, n'avait cure de la valeur d'usage, ni du
bon usage du social – il était l'entreprise démente,
sans limites, d'abolir l'univers symbolique dans une
indifférence toujours plus grande et une circulation
sans cesse accélérée de la valeur. C'est ça le capital :
le règne sans limites de la valeur d'échange. A
l'ordre symbolique et rituel, il n'est pas vrai que le
capital oppose un ordre rationnel de l'intérêt, du
profit, de la production et du travail, bref un ordre de
finalités positives. Il impose une déconnexion, une
déterritorialisation de toutes choses, une extension
démesurée de la valeur, un ordre tout aussi irration-

nel de l'investissement *à tout prix* (le contraire du
calcul rationnel selon Weber). La rationalité du
capital est une baliverne : le capital est un défi à
l'ordre naturel de la valeur. Ce défi ne connaît pas de
limites. Il vise le triomphe de la valeur (d'échange) à
tout prix, et son axiome est l'investissement, non la
production. Tout doit être rejoué, remis en jeu, le
vrai capitaliste ne thésaurise pas, ne jouit pas, ne
consomme pas, sa productivité est une spirale sans
fin, il reverse toute production à une productivité
ultérieure – sans égard à des besoins, à des fins
humaines et sociales. Tout au moins c'est ce capita-
lisme-là, sans mesure ni morale, qui a dominé du
XVIIIᵉ siècle aux débuts du XXᵉ siècle.

Le marxisme n'en est que la forme dégradée. Le
socialisme n'est pas la forme dialectique supérieure
au capital, il n'est que la forme dégradée, banalisée
du social, la forme *moralisée* par l'économie politique (elle-même réduite par Marx à la dimension
critique, et ayant perdu ainsi la dimension irrationnelle, ascétique, que pointe encore Weber dans son
Éthique protestante), et l'économie politique elle-
même tout entière *moralisée par la valeur d'usage.*

Toute la bonne conscience *politique* (et pas seulement économique) s'est réfugiée dans la valeur
d'usage. Il faut en refaire le procès sous une lumière
plus cruelle encore qu'au niveau des objets et des
marchandises. Au niveau du social tout entier. Car
cette fois c'est la valeur d'usage du social qui est en
jeu, *le social comme valeur d'usage.*

L'arc-en-ciel dialectique qui a brillé longtemps
sur la notion marxiste de la marchandise et l'horizon

sacré de la valeur s'est dissous, et dans ses fragments éclatés nous pouvons voir aujourd'hui ce qu'il en est : non seulement la valeur d'usage n'est rien, elle fonctionne comme cache-sexe de l'économie politique (ce que Marx, il faut le dire, a discrètement entrevu, mais que personne qui se réclame de lui n'a plus entrevu par la suite, puisque tout le socialisme, toute idée de révolution et de fin de l'économie politique se règlent sur le triomphe de la valeur d'usage sur la valeur d'échange – finie l'aliénation marchande, l'univers est transfiguré par la valeur d'usage, de celle des objets à celle, sexuelle, de son propre corps et à celle, plus générale, de tout le social, renvoyant enfin à chacun l'image de ses propres «besoins»), mais elle est pire que ça : *elle est la forme dégradée de la valeur d'échange*. Elle est la forme complètement désenchantée de l'économie, la phase neutre, abolie, de l'utilité, qui vient clore le processus délirant, sans fin, de l'échange marchand, de l'instanciation de toute chose dans l'espèce sublime de l'argent (processus qui comme on sait passionne *tout le monde,* et collectivement, alors que l'usage, la fonction, le besoin, etc., ne font qu' « intéresser » chacun isolément sur un mode éternellement résigné). Quand un objet, un être, une idée a trouvé sa valeur d'usage (sa fonction, etc.), c'est fini, c'est l'entropie totale : la valeur d'usage est comme la chaleur dans la deuxième loi de la thermodynamique : LA FORME LA PLUS BASSE DE L'ÉNERGIE.

Les communistes croient à la valeur d'usage du travail, du social, de la matière (leur matérialisme), de l'histoire. Ils croient à la « réalité » du social, des luttes, des classes, que sais-je? Ils croient à tout, ils veulent croire à tout, c'est leur moralité profonde. C'est ce qui leur enlève toute capacité politique.

Ils ne croient plus à l'horizon sacré des apparences – la révolution est ce qui veut mettre fin aux apparences –, mais au seul horizon borné de la réalité. Ils croient à l'administration des choses et à une révolution empirique qui suivrait le fil du temps. Ils croient à la cohérence et à la continuité du temps. Tout leur échappe de la démesure, de l'immoralité, de la simulation et de la séduction qui font le politique. C'est ce qui les rend bêtes, profondément bêtes, profondément vissés à leur bureaucratie mentale. C'est ce qui, plus concrètement, les rend inaptes à prendre ou à garder le pouvoir. Ils sont devenus les gestionnaires de la valeur d'usage de la vie, avec un certain sourire municipal et la rondeur provinciale des techniciens de la classe moyenne (les « classes moyennes » résultent de la domestication historique et de l'abêtissement par la valeur d'usage). C'est au niveau de l'atrocité de la valeur d'échange et de son système généralisé que se battait le « prolétariat », c'est-à-dire au niveau révolutionnaire du capital, et jouant à mort contre lui leur propre inhumanité de valeur d'échange. Au lieu qu'aujourd'hui tout se passe en lamentations infantiles vers toujours plus de valeur d'usage, et ça, c'est l'idéologie de la classe moyenne, et le socialisme et le communisme sont l'expression de cette dégradation des valeurs dominantes du capital et de l'effondrement du jeu politique.

C'est pour être devenus purs et simples théoriciens

et praticiens du *bon usage du social* à travers le bon usage de l'économie politique que les communistes sont tombés plus bas même que le capital, capables seulement de présider à la gestion de la forme la plus dégradée de la loi de la valeur.

C'est la fin définitive de la dialectique. Fin de la grande promesse marxiste.

> « La condition de la libération de la classe ouvrière est la liquidation de toute classe, tout comme la libération du Tiers État (de l'ordre bourgeois) fut la liquidation de tous les états. »

Ceci est faux, car la dialectique est passée – ou plutôt, c'est là la maladie infantile de la théorie marxiste –, elle n'a jamais cessé d'être du côté capitaliste. Et ce qui s'éclaire à travers l'impossibilité par les communistes d'assumer le pouvoir, à travers leur phobie du pouvoir, c'est l'incapacité historique du prolétariat d'accomplir cela même que la bourgeoisie a su faire en son temps : la révolution.

Quand la bourgeoisie met fin à l'ordre féodal, elle subvertit vraiment un ordre et un code total des rapports sociaux (naissance, honneur, hiérarchie) pour lui en substituer un autre (production, économie, rationalité, progrès). Et c'est parce qu'elle se vit comme *classe* (non comme *ordre* ou *état* : « Tiers État » est un terme qu'on lui assi-

gne), c'est-à-dire comme quelque chose de radicalement nouveau, une conception radicalement nouvelle du rapport social, qu'elle peut ébranler l'ordre de la *caste*.

Le prolétariat, lui, n'a rien à opposer radicalement à l'ordre d'une société de classes. Contrairement à la bourgeoisie qui joue sa partie (l'économie)
en imposant son code, le « prolétariat » prétend se
libérer au nom de la production, c'est-à-dire que les
termes au nom desquels la bourgeoisie s'est *libérée*
en tant que classe seraient ceux mêmes au nom
desquels le prolétariat se *nierait* en tant que classe!
Méfaits de la dialectique, dont la bourgeoisie a
infecté le prolétariat. La bourgeoisie, elle, ne « dépasse » pas « dialectiquement » l'ordre féodal, elle lui
substitue un ordre de valeur sans précédent —
l'économie, la production, la classe comme code
antagoniste et sans commune mesure avec le code
féodal. Et sa vraie stratégie est de piéger le prolétariat dans le *statut* de classe, voire dans la *lutte* de
classes — pourquoi pas? — parce que la classe est un
code, dont elle a le monopole : la bourgeoisie est la
seule classe au monde — si elle réussit à amener le
prolétariat à se reconnaître comme classe, *même si
c'est pour se nier en tant que telle,* c'est gagné pour
elle.

La véritable relève qu'assureront (qu'assurent
déjà parfois) les communistes et la gauche n'est pas
celle qu'annonce pour la dénoncer Sanguinetti dans
son *Rapport véridique*. Elle est bien plus funèbre et
plus subtile : *les communistes prendront un jour le
pouvoir pour cacher le fait qu'il n'y en a plus.* Il ne

s'agira donc ni d'une subversion du capital, ni d'une révolution du capital sur lui-même, mais tout simplement d'une involution du politique, d'une résorption du politique et de toute violence politique dans une société livrée aux seuls jeux de la simulation de masse.

Castrée la veille
de son mariage

La gauche, c'est Poulidor. Elle pédale généreusement vers le pouvoir, les foules lui font fête et, au moment de triompher, elle retombe en deuxième position, à l'ombre, dans la niche de l'opposition. Ou bien la gauche est Eurydice : dès que le pouvoir se retourne pour la saisir, elle retourne aux enfers, vierge et martyre que l'ombre des tyrans se partage.

Trêve de cyclisme et de mythologie. La déception du 23 septembre est-elle celle d'un échec politique, ou due au fait qu'on nous a volés de toute échéance réelle? Le désarroi même de la droite est un symptôme intéressant, son incapacité à exploiter ce qui devrait être pour elle une victoire, mais qui n'en est pas une, par ce qui se joue dans ce scénario anticipé de la victoire et de la décomposition de la gauche, c'est justement l'*anticipation*, la précession du scénario sur l'échéance historique, et ceci est aussi mortel pour la droite que pour la gauche, car c'est la fin de toute perspective stratégique. Toute la classe politique est atterrée par cette réversion du politique dans la simulation, à laquelle aucune des forces en

présence ni la masse silencieuse ne peuvent rien, car
tout le monde manipule, mais nul ne peut être dit
maîtriser le processus de simulation (autre chose
peut-être se passe au niveau de la « masse silencieuse »).

Chacun des deux accuse l'autre de se désunir en
apparence pour se réconcilier le moment venu,
c'est-à-dire d'avoir une stratégie. Mais ceci n'est que
leurre pour amuser les foules. En réalité, droite et
gauche prises en bloc jouent *ensemble* au travail de la
différence, travaillent *ensemble* à préserver le modèle
de simulation politique et cette collusion domine de
loin leurs stratégies respectives. Il n'y a d'ailleurs
plus de stratégie nulle part dans ce système de
dissension simulée, de dissuasion (qui est aussi celui
de la coexistence pacifique au niveau mondial), mais
une sorte de destin qui nous absorbe tous, destin de
production inéluctable du social, et de dissuasion *par*
le social. (Or cette production du social nous l'inves-
tissons tous comme un idéal irréversible, fût-ce pour
le combattre.) Dans ce système de division tactique
du travail, la défection d'une des parties (aujourd'hui
la gauche) est une sorte de traîtrise, de coup bas,
d'acte manqué, car elle mène à un retrait d'investissement politique, et c'est autant d'énergie qui
échappe à la sphère d'absorption du social, et ceci est
une défaite pour tous. En clair, la gauche se conduit
mal. Elle se paye la fantaisie de se déchirer sur des
bagatelles, alors que son vrai rôle, celui auquel elle
n'échappera pas, c'est d'être un partner fiable, solide,
dans le jeu de balance et de suspense politique avec
la droite, un pôle bon conducteur de l'électricité du

social (où on retrouve la conjonction des soviets et de l'électricité dans la définition du socialisme, comme celle du parapluie et de la machine à coudre sur la table de chirurgie).

Mais par ailleurs on peut dire (et ce qui est drôle dans cette histoire, c'est que toutes les hypothèses sont simultanément possibles, c'est même précisément ce qui définit aujourd'hui le [ou la fin du] politique : succession, comme en apesanteur, de toutes les hypothèses dont aucune n'annule l'autre, surimpression et interférence cyclique de tous les modèles – mais c'est justement cette *anti-gravitation,* cet effet indécidable qui est passionnant, parce qu'il met fin à toute stratégie et à toute rationalité politique), que si le problème se pose, un peu partout dans le monde, de la passation de pouvoir à la gauche comme d'une espèce de virage de cuti universel vers le « socialisme », ce n'est pas ou ce n'est plus la péripétie traditionnelle d'une droite qui, s'étant usée à l'exercice du pouvoir, s'en dessaisit pour un temps au profit de la gauche, afin que celle-ci serve de relève et de courroie de transmission épisodique à la « classe dominante ». La gauche comme prothèse historique de la droite (ce qui n'est pas faux non plus). C'est une hypothèse qui est encore à la base du livre de Sanguinetti sur les meilleurs moyens de sauver le capital en Italie.

Mais si on admet qu'aujourd'hui la question fondamentale n'est plus celle du capital, mais celle du social, et que la seule tactique de régénération du social, de production accélérée du social, est celle du discours de la crise, alors il faut penser que la gauche, parce qu'elle est issue et nourrie de la pensée *critique,* s'imposera au pouvoir comme le porte-parole le plus crédible, l'effigie la plus cohérente, le miroir le plus fidèle de la crise. Le pouvoir lui sera dévolu non plus pour résoudre une crise réelle (elle n'existe pas), mais pour gérer le *discours* de la crise, la phase critique du capital, qui n'aura pas de fin, puisque c'est celle du social.

S'il fallait retenir quelque chose de Marx, ce serait ceci : le capital produit le social, c'est sa production essentielle, c'est sa « fonction historique ». Et les grandes phases du social, convulsions et révolutions, coïncident avec la phase ascendante du capital. Quand les déterminations objectives du capital s'estompent, le social ne le dépasse pas dans une foulée dialectique, il s'effondre lui aussi, de même qu'à un réel moribond correspond un imaginaire exsangue. Ce à quoi nous assistons aujourd'hui : la gauche meurt de la même mort que le pouvoir.

Mais on peut dire aussi (toujours les hypothèses « réversibles ») : la droite risque toujours, au terme d'un certain laps de pouvoir, de mener à une stagnation, à une involution du social (de la participation des masses, etc.). Seule solution : une réinjection, une overdose de simulation politique dans le corps social en agonie. Révolution à doses homéopathiques, distillée par la gauche, qui prend ainsi le relais dans la production du social, tout comme les syndicats se sont imposés en assurant la relève du capital dans la socialisation définitive du travail. Y sont-ils arrivés d'ailleurs?

Le paradoxe de cet avènement du socialisme et de

la gauche, c'est qu'il arrive *trop tard,* lorsque le procès de socialisation, après la phase ascendante et violente de socialisation capitaliste, est déjà en déclin, lorsque le social entre en travail de deuil. La gauche n'arrive jamais au « pouvoir » que pour gérer le travail de deuil du social, la lente désagrégation, résorption, involution et implosion du social – c'est ça qu'on appelle le socialisme. Ainsi les syndicats ne conquièrent-ils la gestion triomphale, incontestée de la sphère du travail que lorsque le procès de travail, en se généralisant, perd sa virulence historique et s'abîme dans le scénario de sa propre représentation.

Mais ce socialisme-là est-il même capable de mener à bien ce travail de deuil? Certainement pas : il ne peut que multiplier les signes du social et simuler le social à mort. Auquel cas, comme à l'issue de tout travail de deuil raté, il faut envisager que nous tomberons dans la mélancolie.

Le plus intéressant dans la péripétie actuelle, c'est la précession du scénario sur le réel. Sorte d'éjaculation précoce (tout se joue et se déjoue six mois avant les élections) qui équivaut à une castration dans le temps, à une rupture dans la scansion de l'événement, lequel sous-entend toujours une conjonction imprévisible et un moment minimal d'incertitude. Ainsi Mai 68 avait un haut degré événementiel, n'étant ni prévu, ni modèle de péripéties futures. Ici, c'est tout le contraire : volte-face, surprises, ruptures, tout cela est un scénario de Polichinelle,

mise en scène délibérée, par de vieux professionnels
de la politique, d'un faux événement prématuré qui
ôte à ce qui n'est déjà qu'un pseudo-événement : les
élections, le peu de suspense politique qu'elles
avaient encore. Tel est l'effet d'un système de
programmation et de déprogrammation calculées,
d'un système de dissuasion où même le réel n'aura
plus jamais l'occasion de se produire.

Indépendamment des mobiles et des machinations
propres à chacun des acteurs de ce vaudeville, c'est
cet effacement du peu de chances, du peu de charme
qui tenait encore au réel, au principe de réalité de
l'événement, qui nous écœure tous, sans que nous y
puissions rien. Le réel n'aura plus jamais lieu,
mort-nés les rapports de force qui pouvaient s'y
déchaîner, seul le fantôme de la majorité silencieuse
plane encore sur ce désert, s'inclinant d'avance
devant l'échéance des urnes de mars, désormais plus
indifférente encore que l'épisode d'une vie antérieure, puisque le rideau est déjà tombé.

Et le P.C. sera dit quand même le plus responsable dans cette affaire (encore que le ravage de la
simulation le dépasse de loin) parce que c'est lui qui
a contribué le plus à séculariser cette indifférence, à
faire passer le goût du politique à tout le monde, au
profit d'une gestion disciplinée, d'une vision écono-
miste et d'une pure transparence du social. Dans sa
rage de faire advenir le social comme élément pur,
comme abstraction pure et degré zéro de l'énergie
politique, dans sa rage de pure et simple gestion du
social, le P.C. a toutes ses chances, parce qu'il est le
seul appareil social « homogène ». Mais justement

cette homogénéité peut n'être elle aussi qu'un effet d'appareil, et le social, à force d'être réduit au degré zéro, pourrait bien lui imploser brusquement sous les fesses.

Absurdité d'un « pacte de gouvernement », comme si le pouvoir n'était que le moyen d'appliquer un programme! Il y a là un tel mépris du pouvoir, une telle méconnaissance du politique – dont celui-ci se venge d'ailleurs en quelque sorte, car l'inaptitude à la souveraineté politique grandit à la mesure de cette conception misérable du pouvoir comme valeur d'usage. A force d'analyser l'État comme *rouage* exécutif de la « classe dominante », les communistes se sont châtrés de l'énergie de le prendre (sans parler de l'abolir!). Le pouvoir comme *forme,* dont les contenus sont imprévisibles, et où peuvent s'inverser les enjeux, la logique du politique pouvant entraîner l'homme ou la classe au pouvoir à dévorer ses propres bases et à brûler ses propres objectifs – voilà ce qu'il faut réduire à tout prix. Pour cela, une seule solution : la programmation. Il faut neutraliser d'avance le politique à force de rationalité économique et sociale. Il faut que la forme n'obéisse plus qu'à des contenus préalables, comme il faut que l'événement réel ne soit plus que l'écho d'un scénario calculé. Même dissuasion, même contraception, même déception.

C'est cela que les masses, où gît sans doute encore une faculté d'hallucination politique incurable, avaient espéré d'une « victoire de la gauche » : des lendemains inattendus. Et c'est cela dont il fallait les décourager avant qu'il soit trop tard, en les enchaînant à une logique programmatique. Tout programme est dissuasif, parce qu'il s'arme contre l'avenir. De plus il offre la possibilité de faire et de défaire les situations avant qu'elles aient eu lieu, on peut le réactualiser indéfiniment sans qu'il risque de devenir actuel, on peut y dépenser une énergie folle qui serait menaçante ailleurs. C'est le modèle élevé à la puissance de juridiction préventive de toute une société. Le chantage au programme peut se substituer à toutes les répressions. Entre les technologies dures de persuasion et de socialisation forcée et les technologies douces de dissuasion pure, le programme représente la forme bâtarde des bureaucraties sociales modernistes.

La panique à dû être profonde au Comité central vers le début de l'été, en pleine victoire anticipée. Mais on peut penser que l'opération dissuasion était déjà prête dès les présidentielles, où il était clair que le seuil critique du fifty/fifty allait être franchi, et inéluctable l'investiture. A partir de là, grand élan d'espérance en prélude au baptême du pouvoir – mais *trop tôt,* bien trop tôt, comme on vend la peau de l'ours *de peur* de le tuer, comme on phantasme le diable pour le faire reculer – et simultanément, mise au point du scénario de dissuasion, de démobilisation, de déception. Mais ça, c'est toute l'histoire du P.C. : une énergie égale est employée à mobiliser les « masses », puis à les démobiliser, d'où il résulte un jeu à somme nulle – c'est le grand jeu du social, cyclage et recyclage des masses, accélération et freinage du cycle, relance et inertie – telle fut l'orbite de la révolution culturelle en Chine – avec un moment fort : celui de la dissuasion (45 : désarmez! – 48 : savoir terminer une grève – 68 : grève générale et élections, et cette fois rupture de l'Union de la gauche). On n'évaluera jamais assez le rôle historique du P.C. comme machine de dissuasion, machine de combustion inutile et cyclique des énergies, dont il reste quoi? Le social précisément, le social comme déchet cumulatif, comme déjection grandissante, comme ce qui reste de toutes les révolutions manquées, comme retombée, comme masse inerte, qui recouvre tout, selon une abstraction enfin pleinement réalisée dans le socialisme. Les fameuses conquêtes sociales, qui font toute l'idéologie de la gauche depuis un siècle, ne sont que les phases de cette neutralisation grandissante.

Le plus drôle, c'est que le P.C. et Marchais se prennent encore pour des épouvantails historiques, proclamant d'un air faux : « Mais si, nous voulons du pouvoir! » Eux qui ont passé vingt ans à protester de leur innocence : « Non, nous ne voulons pas du pouvoir! », pour se faire accepter dans le concert politique, l'ironie veut qu'ils soient devenus suspects de ne pas en vouloir. Jamais on n'aura vu plus bel exemple d'un appareil devenu le signe efficace de sa propre dérision. Mais tout le monde, au fond, applaudit à ce rôle, parce que tout le monde a besoin du P.C. tel qu'en lui-même son émasculation politique l'a changé : plastronnant, arrogant, bateleur, clochemerlesque, chauvin, gestionnaire – incarnant la face visible de la révolution, celle à jamais visible d'une révolution gravitant sans fin sur l'orbite du capital.

Mais tous les autres partis, et nous-mêmes sans doute intérieurement le grandissons encore bien outre-mesure, dans le désarroi qu'il y a à imaginer sa disparition. C'est quand même le dernier grand vestige d'une ère révolue du politique. Et c'est bien là sa force, dans le chantage et la nostalgie. Et c'est son triomphe actuel de bloquer la situation sur une problématique archaïque (nationalisations, défense nationale, niveau de vie des masses laborieuses) à laquelle, dans ses meilleurs moments, il ne croit pas lui-même. Le P.C. n'avait de sens que dans la perspective d'une dictature du prolétariat. Aujourd'hui il se retrouve devant l'inertie des masses, leur force d'inertie qui recèle sans doute une violence nouvelle – mais devant cette dissolution du social, cette solution diffuse et inintelligible qu'est devenu le social comme le politique, le P.C., comme bien d'autres, est sans ressource.

Pourtant il faut essayer de le comprendre. Il n'est pas facile, dans une société en pleine révolution vers les technologies douces (y compris celles de pouvoir), de maintenir un appareil et une idéologie durs. Monopole, centralisation, programmation, bureaucratie, défense nucléaire – le P.C. reste le dernier grand adversaire de la socialité assouplie, cool, autogestionnaire, écologique, contactuelle (et non plus contractuelle). Contre la société « psy », à porno, libido et schizo incorporées, le parti est encore du côté de la société asilaire, disciplinaire, celle du renfermement et de l'appareil, tout entier encore dans un espace panoptique – stalinien donc par destination, mais sans la violence politique du stalinisme – stalinien de croisière, affublé d'oripeaux new look qui lui donnent l'air d'un travelo de l'histoire moderne.

Bien sûr, la société fluide et tactile, tactique et psychédélique vers laquelle on nous emmène, l'ère des technologies douces n'est pas moins féroce que celle des technologies dures, et on pourrait même se prendre à regretter, devant l'inquiétante étrangeté de la simulation, la dictature du prolétariat, concept clair et vigoureux (même si c'était la dictature exercée *sur* le prolétariat, cela même est sans importance pour la transparence utopique du concept – même dans l'ambiguïté de son génitif, c'était un concept fort). Aujourd'hui il n'y a même plus de prolétariat exerçant sur lui-même une dictature violente par despote interposé – ceci, c'est encore l'enjeu et le ressort politique de l'État totalitaire, enjeu d'extermination dont les camps sont la forme extrême, avec le rêve fou du despote de *mettre fin à son propre peuple* (Hitler en 1945 condamnant à mort le peuple allemand) – il n'y a plus que des masses fluides et silencieuses, équations variables des sondages, objets de tests perpétuels qui, tel un acide, les dissolvent. Tester, sonder, contacter, solliciter, informer – c'est une tactique microbienne, tactique de virulence où le social prend fin par dissuasion infinitésimale, où il n'a même plus le temps de cristalliser. La violence, jadis, cristallisait le social, accouchait de force une énergie sociale antagoniste.

Cette démiurgie est encore celle du stalinisme.
Aujourd'hui, c'est la sémiurgie douce qui nous
dirige.

La question de la résistance possible à cette
tactilité envahissante, d'un revers possible de simulation sur la base même de la mort du social, reste
posée. Le problème d'une nébuleuse « désocialisée »
et des processus nouveaux d'implosion qui s'y pro-
duisent. Mais aux technologies douces le P.C., lui,
n'oppose que le maintien artificiel d'un appareil
social « de masse » et de l'idéologie archaïque de
« mobilisation » alors que tout est déjà bien plus
mobile qu'il ne pense, circule avec une mobilité
incontrôlable, *y compris le P.C. lui-même,* entré
comme tout le monde, et malgré lui, dans une
mouvance tactique, sans stratégie désormais, sans
référentiel véritable, social ou historique, recyclé lui
aussi depuis longtemps, mais affectant désespérément le contraire : infrastructures solides, finalités
irréductibles. Mais cette résistance archaïque elle-
même sert encore d'épouvantail fonctionnel à la
société de tolérance, et de sanctuaire idéologique
pour la conservation des masses.

Le P.C. a une idée des masses, de l'économie, du
politique et de la révolution exactement aussi arrié-
rée que celle qu'il a toujours eue de la culture, qu'il
a toujours conçue comme réalisme décoratif bourgeois et objectivisme scientiste de gauche. Il est le
tenant du social-figuratif, c'est-à-dire l'équivalent en

politique du réalisme figuratif en peinture. Toutes
les révolutions qui ont eu lieu depuis le XVIIIᵉ siècle
dans la forme, dans l'espace, dans la couleur sont
restées lettre morte en politique, et singulièrement en
politique révolutionnaire, acharnée par vocation au
principe « historique » de vérité, de réalité et de
rationalité. Non seulement rien ne peut être imaginé
d'équivalent à la déconstruction de l'objet en peinture, à l'abstraction (une déconstruction de l'espace
politique, du sujet de l'histoire, du référentiel de
classe?), mais la nouvelle spirale qui mène à l'hy-
perréalisme, au jeu démultiplié de représentation en
abyme, à l'hypersimulation du réel, n'a jusqu'à ce
jour aucun équivalent dans la sphère politique. Y
a-t-il quelque part une idée, une lueur, dans les têtes
politiques et politiciennes, que toutes leurs énergies
et leurs discours puissent être devenus quelque chose
comme des prestations hyperréalistes, c'est-à-dire
hyperreprésentatives d'une réalité introuvable?

Une table est toujours ce qu'elle est, mais il n'y a
plus aucun sens à la représenter « telle qu'elle
est ».

Une marchandise est toujours ce qu'elle est (encore que Marx ait déjà montré qu'elle n'était déjà
plus ce qu'elle était), mais il n'y a plus aucun sens à
parler de sa valeur d'usage, ni sans doute de sa
valeur d'échange, qui relève encore d'un espace
représentatif de la marchandise.

Le pouvoir est toujours ce qu'il est, mais il n'y a
plus aucun sens à parler de ce qu'il représente, ni à
se le représenter comme « réel ».

Le réel lui-même est toujours ce qu'il est, mais il

n'y a plus aucun sens à le penser ni à le réfléchir
comme tel.

Le P.C. lui-même, comme le réel, comme le social,
est toujours ce qu'il est, mais il n'est sans doute
justement plus que *ça* : c'est-à-dire s'épuisant dans
sa propre ressemblance. Hyper.

Car au fond le même travail (qui n'est même pas
un travail de deuil car celui-ci a encore un référentiel
mélancolique, et il mène encore, comme le transfert,
à une résolution ; la mort impliquée dans le travail
de deuil est encore un événement psychique *réel,* et
fait partie d'une histoire), le même travail de déconstruction, d'abstraction et d'hyperréalisation qui a eu
lieu dans le domaine de la représentation visuelle et
de la perception sensorielle a sans doute eu lieu
aussi, sans que personne s'en doute, dans la sphère
politique, économique et sociale – et la prégnance
toujours plus grande du social n'est plus depuis
longtemps que celle d'une socialité morte, ou hyper-
réelle, comme la prégnance toujours plus grande du
travail n'est plus que celle du travail mort, des signes
obsédants du procès défunt de travail, comme celle
du sexe n'est que celle du modèle sexuel hyperréalisé
dans les signes omniprésents de la libération, dans le
scénario inéluctable de la jouissance, dans la finalité
sans fin du désir.

Nous sommes là très loin de tout le discours
manifeste de ce monde, immergé, de la gauche à la
droite, dans son réalisme politique. Mais peut-être
cet aveuglement réaliste ne touche-t-il que ce qu'il
faut appeler la « classe politique », seule à croire au
politique et à la représentation politique, comme les

publicitaires sont les seuls à croire à la publicité.

Le social, l'idée de social, le politique, l'idée de politique, n'ont sans doute jamais été portés que par une fraction minoritaire. Au lieu de concevoir le social comme une sorte de condition originelle, d'état de fait qui englobe tout le reste, de donnée transcendantale *a priori,* comme on a fait du temps et de l'espace (mais justement, le temps et l'espace ont depuis été relativisés comme code, alors que le social ne l'a jamais été – il s'est au contraire renforcé comme évidence naturelle : tout est devenu social, nous y baignons comme dans un placenta maternel, le socialisme est même venu couronner cela en l'inscrivant comme idéalité future – et tout le monde fait de la sociologie à mort, on explore les moindres péripéties, les moindres nuances du social sans remettre en cause l'axiome même du social) – au lieu de cela il faut demander : qui a produit le social, qui règle ce discours, qui a déployé ce code, fomenté cette simulation universelle ? N'est-ce pas une certaine intelligentsia culturelle, techniciste, rationalisante, humaniste, qui a trouvé là le moyen de penser tout le reste et de l'encadrer dans un concept universel (le seul peut-être), lequel s'est trouvé peu à peu un référentiel grandiose : les masses silencieuses, d'où semble émerger l'essence, rayonner l'énergie inépuisable du social. Mais a-t-on réfléchi que la plupart du temps ni ces fameuses masses, ni les individus ne se vivent comme sociaux, c'est-à-dire dans cet espace perspectif, rationnel, panoptique, qui est celui où se réfléchissent le social et son discours ?

Il y a des sociétés sans social, comme il y a des

sociétés sans écriture. Ceci ne semble absurde que
parce que les termes mêmes sont absurdes – si ce ne
sont plus des sociétés, que sont-elles? Des groupes,
des ethnies, des catégories : on retombe dans la même
terminologie – la distorsion entre l'hypothèse et le
discours est irréparable. Sans se référer à d'autres
« sociétés », comment désigner, ici et maintenant, ce
qui, dans les « masses » (censées incarner l'indistinc-
tion et la généralité du social), se vit en deçà, ou
au-delà, ou hors du social et de ce qui se trame à ce
niveau? Comment désigner ce non-sens, ce reste
innommable? Il ne s'agit pas d'anarchie, d'asocialité,
de désocialisation, mais d'une indifférence profonde,
radicale, au *rapport* et à la *détermination* sociale
comme code, et comme système hégémonique *a
priori*. Il ne s'agit pas des lapsus, des trous et des
accidents du social, ni de ceux qui y résistent par
leur singularité (fous, drogués, homosexuels) – ceux-
là sont en fait des catégories pilotes du social et se
verront un jour assigner leur place dans une socialité
tous azimuts. Il s'agit d'autre chose, qui n'est
justement pas un reste, ni un excédent, ni une
exception, mais quelque chose de massif, banal et
indistinct, de plus puissant que le social, qui ne le
transgresse pas, mais qui n'en connaît tout simplement ni la loi, ni les principes. Quelque chose qui
échappe à la représentation, puisque le social et le
politique sont du domaine de la représentation et de
la loi. Que sait-on de cette indifférence massive, mais
non passive, de ce défi par inertie au cœur même de
la manipulation, que sait-on de cette zone où le
social, qui est le sens, n'en a peut-être jamais eu?

Janvier-avril 1978

Pavane pour
une gauche défunte

QU'EST-CE QUI FAIT
RIRE MARCHAIS?

30 janvier

Qu'est-ce qui lui donne cet air de victoire, cette insolence fantastique, quand tous les autres sont si malheureux? Une telle joie ne peut venir que de l'exaltation singulière qui donne la certitude de perdre, en donnant tous les signes inverses de la volonté résolue de l'emporter. Elle ne peut être que la joie maligne de se faire refuser le pouvoir alors qu'on n'en veut pas et de se prévaloir de ce refus pour maintenir une position de force oppositionnelle. Joie de la manipulation assurée, où les adversaires sont mobilisés malgré eux pour la réalisation de vos propres objectifs. Joie sarcastique, joie de se draper dans son ghetto artificiel, joie négative, mais profonde, car venant des bas-fonds de l'abjection politique, née de la résignation radicale de toute volonté ou stratégie politique et puisant sa force dans cette manipulation à contre-pied. Exemple fascinant de ce parti qui aura rassemblé toutes ses énergies pour décourager une majorité potentielle de le porter au pouvoir. « Se nier en tant que tel » – le fameux mot d'ordre historique du prolétariat –, jamais réalisé, puisque le concept et la réalité de la « classe » se seront volatilisés avant même de pouvoir se dépasser « en tant que tels », d'où le renvoi *sine die* de la révolution – par contre pleinement réalisé par le parti lui-même en tant qu'appareil politique, n'assumant plus aucune position de pouvoir que celle interne à son propre appareil, ne sécrétant plus que la dose minimale, homéostatique, de pouvoir nécessaire à la régulation de l'appareil, consacrant toutes ses énergies à maintenir et renforcer un potentiel qui ne sera plus jamais mis en jeu. Sophistication des moyens à l'exclusion des fins, inflation de l'organisation, déflation des enjeux et de la volonté politique. Pratique écologique au fond. Le P.C. marche à l'épargne, à l'économie, à l'autosubsistance. Il répond inconsciemment à la question : comment faire l'économie du pouvoir, dont il ne reste rien, ou si peu de chose? Comment faire l'économie d'une ressource rare et en voie de disparition? Comment faire fonctionner le politique aux moindres frais, avec le minimum d'investissement, de risques et d'échéance – à la limite : comment donner l'illusion d'une volonté de pouvoir politique, comment échapper à l'enjeu politique sans détruire son principe de réalité? Beau programme pour les générations futures, destinées, là comme ailleurs, à gérer les résidus et à combler les défaillances (épuisement du politique comme des matières premières)!

C'est d'ailleurs déjà sur cette base que le P.C. prospère et recrute parmi les jeunes. Le P.C. est une structure d'accueil pour tous les *disoccupati* de la politique. Antidépresseur, antimélancolique, distributeur d'une politique aux hormones, il constitue encore un havre aux lueurs de social pour tous ceux qui n'auront pas été gâtés par l'histoire. Il gère le chômage politique comme l'Office national pour l'emploi gère le chômage professionnel. Il n'est donc pas près de disparaître, puisque tout indique que les orphelins du politique seront de plus en plus nombreux dans les temps qui viennent. Il a une éternité devant lui, puisqu'il puise sa force dans cette désaffection. Il a le même intérêt à ce volant d'inertie et à cette neutralisation du politique que le Capital pouvait avoir à la neutralisation des forces productives par le volant d'inertie de « l'armée de réserve » du chômage.

Le P.C. ici gagne sur toute la ligne. Qui sait pourtant si ce piège qu'il tend à toute une société politique ne va pas échouer, et si nous n'aurons pas droit, aux élections de mars, à une péripétie inattendue : la victoire de la gauche en dépit de tous les efforts désespérés du P.C.? Une sorte d'ironie secrète semble porter inéluctablement la gauche vers la majorité. L'ironie transhistorique des masses portant les appareils de gauche au pouvoir *malgré eux*.

Y a-t-il une loi objective (une sorte de machine qui s'est mise en marche avec l'histoire), une loi d'inertie qui joue désormais pour la gauche, alors qu'elle a toujours joué jusqu'ici pour la droite? Cette loi d'inertie s'énoncerait comme la loi d'involution vers le socialisme – la gauche accédant au lieu vide du politique et comblant le vide du politique par la monotonie efficace du social et de la gestion du social – tout juste bonne à gérer la « déréliction du politique » (Hannah Arendt) et à venir au pouvoir pour prendre, comme d'habitude, la responsabilité des sacrifices (voir les déclarations de Lama et de la C.G.I.L. italienne).

L'hypothèse impensable est que le P.C. aurait *compris* cela, et s'y refuserait du même coup – mais il est inutile de rêver.

Plus stimulant est cette sorte de défi lancé à la gauche, et au P.C. en particulier, par des masses qui l'éliraient malgré sa désunion – par quelle volonté de voir « pour voir », comme au poker? sans peut-être rien en espérer profondément, mais exécutant inexorablement l'espèce de promesse qui leur a été faite depuis toujours. Étonnant retournement de la base contre la mauvaise volonté politique des appareils : les forcer à jouer, les pousser à la catastrophe peut-être, dans un mélange inextricable de nostalgie historique et de désillusion anticipée sur les conséquences possibles. Arrive que voudra : il *faut* que le scénario de gauche ait lieu. Il faut y aller voir – pour le spectacle, pour l'honneur, pour le prestige, pour rire?

Toutes les « classes » sociales partagent ce prurit,

cette démangeaison de gauche, même si leur idéologie le leur interdit. En dehors de l'intérêt que peut
avoir la droite de se délester du pouvoir (mais elle ne
semble pas prête à mettre en œuvre et en scène sa
propre mort avec la même intelligence que le fit de
Gaulle par le référendum de 1969), tout le monde
attend cette péripétie parce qu'elle est inscrite dans
la combinatoire *obligée* de la sphère politique. Ce
n'est plus en effet une question de choix : il faut
plonger, il faut relever le défi même lancé par les
statistiques – 53 % : les masses, puisqu'elles sont
prises comme chair à sondages, ne permettront pas
que les statistiques soient bafouées et ne leur donnent
pas raison. La gauche n'a qu'à s'incliner, elle aussi,
devant le pouvoir des masses, qui est le pouvoir
aléatoire des statistiques.

5 février

C'est bien pourquoi le P.C. recourt lui aussi
désespérément à la barre statistique : il exige, pour
prendre sa part de pouvoir, d'obtenir 25 % des voix.
Ultimatum surréaliste, car à qui s'adresse-t-il ? Aux
autres partis ? Le voudraient-ils qu'aucun n'est en
mesure de lui rétrocéder des voix – par quel biais ?
Est-ce à l'électorat anonyme, à la majorité silencieuse qu'est lancé ce défi ? « Si vous voulez d'un
pouvoir de gauche, il vous faut d'abord accomplir un
miracle statistique. » C'est le défi renvoyé aux masses : la barre placée trop haut pour être franchie (en
fait, ce défi n'est que celui lancé par le P.C. à ses

propres « masses », défi de lui désobéir, et d'aller
ailleurs se faire représenter illégalement par les
autres).

De toute façon, la barre serait-elle franchie que
le P.C. se démettrait quand même, bien décidé
qu'il est à ne pas subir l'épreuve du pouvoir. Tout
ce qu'il veut, c'est gonfler ses effectifs pour renforcer son chantage idéologique : nous sommes spoliés,
nous sommes écartés du pouvoir! Situation pour lui
idéale de l'opposition injustement privée de ses
droits – *position triomphale du ressentiment*. Pour
que ce chantage réussisse, il faut que le parti
continue d'être écarté du pouvoir. Cette équation
toute simple dicte toute la stratégie du P.C. – mais
elle risque d'être déjouée par une forme de défi
inattendue! Vous voulez le pouvoir, eh bien, vous
l'aurez! Les masses précipitant les appareils dans
une victoire à la Pyrrhus, les sommant d'aller au
bout de leur raison prétendue, et précipitant ainsi
tout le système de la représentation dans une cul-
bute suicidaire.

Tous les partis, toutes les forces politiques se
voient doublées – non plus sur la gauche, c'était trop
simple – par une exigence transpolitique de spectacle
et de jeu, doublées par une inertie provocatrice
qu'aucune d'entre elles ne peut plus contrôler!

Le P.C. espérait bien éluder le pouvoir à force de
programmation et de surprogrammation. Et voilà
que les masses, se foutant pas mal du programme,
dont elles méprisent au fond les contradictions et les
subtilités, risquent de les porter au pouvoir quand
même. Le pouvoir *sans* le programme, alors que le

mot d'ordre était : le programme *contre* le pouvoir!
Singulier renversement.

La situation n'est guère moins scabreuse pour le
P.S. Car si lui veut bien le pouvoir, c'est encore selon
l'idéalisme d'un programme. Des milliers d'intellectuels socialistes sont en train d'élaborer, dans la plus
complète illusion *réaliste* du politique, toutes les
solutions d'après mars 78, depuis la dissuasion
atomique jusqu'à la poursuite des négociations de
Bruxelles sur les accords de Lomé et quelle conduite
adopter lors de la réunion de la CNUCED qui se
tiendra à Genève avant l'été. Idéalistes à tout crin,
naïfs jusqu'aux ongles, ils pensent que le pouvoir est
fait de décisions concrètes et courageuses, et du fond
de cette bonne foi programmatique, ils sont d'ores et
déjà dans la peau d'Allende, voués au suicide.
Mitterrand a toujours eu la tête d'un suicidé (Gis-
card, lui, n'a que la tête distinguée d'un guillotiné).
De toute façon, le P.S. va se trouver lui aussi pris à
contre-pied, car si les masses l'élisent, ce n'est pas du
tout pour un programme, c'est *pour le voir* au
pouvoir.

Le malentendu est total, et c'est lui qui fait le
charme discret de ces élections. Le pouvoir proprement politique, esquivé par toutes les forces en
présence, qui ne sont plus que les exécutrices d'un
programme, est absorbé par le pouvoir comme spectacle, le seul que distribuent aujourd'hui les masses
mouvantes et statistiques – car ne nous faisons pas
d'illusion : elles rééliront la droite à la péripétie
suivante, mais *ça n'a pas d'importance* – elles
veulent du spectacle, du signe, pas du changement de

société! elles veulent un *beau* spectacle, pas un *bon*
programme!

Elles ne veulent pas être « représentées ». Elles
veulent assister à une représentation. (Elles ne
veulent même pas se « représenter » elles-mêmes,
l'autogestion ne les émeut guère.) Elles en ont assez
d'un destin de représentation, quel qu'il soit. Elles
veulent profiter du spectacle de la représentation.
Tous les représentants (partis, syndicats) se servent
de l' « exigence sociale des masses » pour échapper
au politique (et ils ont raison : la société, ça se gère *à
partir du social* – le P.C., si ce n'était sa lâcheté, a
totalement raison de se méfier du pouvoir *politique,*
qui n'existe plus ou n'est plus qu'un piège de la
représentation, pour faire confiance à la gestion
quotidienne, « municipale » du social), mais les masses ne l'entendent pas ainsi : elles préfèrent le
spectacle, même grotesque, même dérisoire, du politique à la gestion rationnelle du social.

Peut-être que l'expérience du social ne leur plaît
guère? Peut-être que cette expérience historique
qu'on a lancée en leur nom, sur leur dos, n'est pas du
tout à leur goût? Peut-être ne veulent-elles pas être
prises pour des masses et acculées à des responsabilités historiques? Peut-être en ont-elles marre du
réel et du rationnel, du concret et de problèmes
« objectifs », même et surtout des leurs? Peut-être
préfèrent-elles le théâtre baroque de la fin du
politique, le charme absurde d'une classe politique
qui « se nie en tant que telle », selon le célèbre adage,
et descend dans la rue, comme dans l'anti-théâtre,
flattant les masses, invitant les éboueurs à l'Élysée,

se faisant inviter à l'Élysée, rivalisant de bassesse démagogique, peut-être préfèrent-elles tout cela à l'expérimentation sociale qui, elle, se fait sur leur dos et qu'elles connaissent trop bien?

Les masses ne sont pas assez bêtes pour se faire refiler la représentation, le pouvoir, la responsabilité – toutes valeurs pourries, usées par une longue histoire et dont elles continueraient à faire les frais si elles en étaient investies. Trop contentes de s'en décharger sur leurs « représentants ». Même ruse que les femmes. On croit qu'elles sont spoliées. Quelles plaisanterie! Elles se *débarrassent* du pouvoir. La volonté, la responsabilité, le pouvoir, c'est quelque chose de fou, de dangereux, et, aujourd'hui, de dérisoire. C'est ce que les dieux envoient à la race des hommes pour les perdre. Les masses, depuis la plus haute mythologie et la plus haute histoire, y ont toujours, par une ironie secrète, laissé se précipiter les héros comme victimes expiatoires, savourant le spectacle de leur mort. Rien n'a changé aujourd'hui, et la faille étrange apparue dans l'échiquier politique garde la trace de cette comédie burlesque : les masses condamnent ceux qui n'en veulent plus au pouvoir ou à ce qu'il en reste. Efficacité silencieuse et ironique des majorités aléatoires : on a expérimenté le social sur elles depuis longtemps, elles expérimentent aujourd'hui le politique, ou ce qu'il en reste, sur les tenants mêmes de la classe politique. Retournée contre ses propres défenseurs, et vraisemblablement contre ses propres intérêts, la majorité silencieuse, inclinant désormais vers la gauche, vise un but obscur qui n'est certainement pas la qualité de la vie,

ni la satisfaction de ses besoins, ni son « droit au
social ».

« Plus la femme est femme, disait Nietzsche, plus
elle se défend contre toute espèce de droit. » Plus la
masse est masse, plus elle résiste à toute espèce de
représentation. Et voguent les majorités silencieuses...

20 février

La gauche ne passera sans doute pas, finalement.
Le P.C. ne se désistera pas au deuxième tour. Il ira
jusque-là, dans la dissuasion et dans sa volonté
d'échec. Rien ne l'arrêtera dans le freinage et le
coulage. Il l'emportera donc sans doute sur les
masses et leur obscure (et peut-être ironique) volonté
de voir à l'œuvre, et à l'épreuve, la gauche, cette
gauche divine, introuvable. Mais ç'aura été une lutte
à mort entre un appareil résolu à désamorcer la
volonté politique des masses et celles-ci forçant les
appareils à jouer le jeu politique (mais pas d'illusion : ceux-ci ont assez de moyens programmatiques
et bureaucratiques d'éluder, même si on les force à
gagner, tous les risques du pouvoir). Et finalement
vaincues par l'ultime traîtrise et l'astuce des appareils (il n'y aura donc pas eu d'exception à la loi
historique qui veut que les masses soient toujours
baisées !).

Dernière nuance : il est possible que le P.C. ne
résiste si désespérément à l'appel de ses propres
masses que parce qu'il flaire que cette volonté n'est

peut-être que celle de le pousser à la catastrophe. Le
faire jouer et perdre – pour voir, pour le spectacle,
pour épuiser l'histoire, vider l'hypothèque révolutionnaire qui pèse depuis si longtemps sur tout le
monde sans se résoudre, et qui sera bientôt définitivement dépassée sans avoir eu lieu. Tentation d'opposer à la neutralisation lente du politique une
péripétie plus violente, une catastrophe, une ordalie?
Contre la mort lente, la mort violente?

5 mars

Nouvel épisode dans la stratégie de dissuasion du
P.C. Ayant calculé que le refus de désistement aurait
un effet psychologique désastreux, il choisit une
autre voie, qui est franchement celle de la propa-
gande de droite, celle de l'épouvantail communiste.
Par une volte-face envers ses positions antérieures,
qui étaient de refuser d'aller au pouvoir s'il n'obte-
nait pas 25 % des voix (chantage statistique), il
prétend aujourd'hui vouloir férocement sa part du
pouvoir, une part *proportionnelle* des fauteuils
ministériels. Exigence tout aussi incongrue, tartari-
nade bien faite pour effrayer tout le monde, et sans
fondement, sans autre volonté réelle que d'acculer la
gauche à l'échec. Cette tactique sera sans doute plus
efficace. La rupture de l'Union n'ayant pas fait
vaciller les sondages, il restait au P.C. cette arme
absolue : ressusciter l'anti-communisme, l'image du
couteau entre les dents, que même la droite n'arrivait
plus à faire fonctionner dans la conscience des

masses. Tout doucement ainsi le P.C. se substitue à
la droite défaillante pour se barrer à lui-même la
route du pouvoir.

Mais qu'est-ce qui peut bien le faire agir ainsi?
Où est le mystère? D'où lui vient cette résolution
inébranlable dans la dissuasion? Quelle volonté
maléfique l'anime, quelle stratégie secrète? Ne l'in-
terrogez pas : il n'en a pas – sinon celle de dissuasion
révolutionnaire tous azimuts, de resserrement sur sa
propre survie et de découragement de tout le reste,
qui fut celle de l'U.R.S.S. depuis vingt ans (depuis
Cuba, l'U.R.S.S. a enrayé *tous* les mouvements
historiques de révolution sur le globe) et qui est celle
de la Chine depuis peu. Il y a une certaine logique
dans ce renoncement à toute stratégie et dans ce repli
sur une gestion entropique des forces révolutionnaires. Logique de régression et de mort.

20 mars

La gauche a bien perdu. Mais les communistes
ont gagné des sièges. Ils ont joué ouvertement la
victoire de la droite pour, à cette occasion, gagner
quelques sièges, progresser dans un espace laissé
vacant, et où eux-mêmes ont fait le vide.

Au fond, ce n'est pas différent de l'Italie. Là aussi,
chaque péripétie permet au P.C. de « se pousser » un
peu plus loin... vers quoi? non pas vers le pouvoir : il
se contente du strapontin technocratique et gestionnaire que la D.C. lui concède, sans rien exiger en
échange. Le P.C. n'accède pas irrésistiblement au

pouvoir, il occupe irrésistiblement l'espace laissé vide par le reflux et le désenchantement de la sphère politique. Cette lente progression est celle de la banalisation, de la désertification de la société civile et politique. Nous ne savons plus où est aujourd'hui le sel de la terre, mais nous savons que le P.C. est la plus grande entreprise de dessalement. Honte à lui pour avoir fait progresser, avec une telle énergie, la bêtise fonctionnelle nécessaire à son extension — honte à lui d'avoir liquidé les derniers vestiges d'une exigence politique, pour assurer l'homéostase cancéreuse du social. Métafigure de la connerie et de la pulsion de mort, hilarante : la gueule de Marchais. Gueule histrionique, exacerbée par la démagogie burlesque et par le chantage à la vulgarité, que tout le monde accepte et subit apparemment comme une sorte d'initiation à la société future.

Le P.C. mène à la béatitude du compromis historique : pour que l'histoire entière s'achève sur un compromis, il faut en effet que tout le système tende vers zéro sans péripétie violente, lentement, progressivement, avec un acharnement calculé.

La fin de l'histoire et du politique eût pu être tout autre chose qu'un compromis, elle eût pu constituer un hyperévénement violent et transformateur, une implosion aux conséquences incalculables. Il y a des rétractions, des pourrissements, des effondrements qui sont des révolutions littérales. Et celui des grands systèmes représentatifs, politiques et historiques, l'effondrement du principe de réalité même, et du principe de socialité, pouvaient ouvrir sur une conflagration inconnue.

Mais le P.C. est là pour empêcher le système de mourir de mort violente. Il est le frein métastabilisateur, il est, lui, le compromis historique, non pas avec la droite (qu'importe la droite) mais avec l'histoire elle-même. Faire que l'histoire n'ait même pas de fin. Ainsi la religion, ou ses succédanés, a réussi à ôter son impact à l'événement de la mort de Dieu, et à en distiller les conséquences à doses homéopathiques.

Les Italiens, eux du moins, ont produit les Brigades rouges en même temps que le compromis historique. Produit l'antidote violent de la putréfaction lente des compromis. Qu'en adviendra-t-il ? Peut-être l'Italie est-elle quand même la seule société qui se décompose de façon violente, théâtrale, ironique, dérisoire et imaginative. Nous en sommes encore loin.

QU'EST-CE QUI FAIT ÉCRIRE ALTHUSSER ?

Nous nous demandions ce qui fait rire Marchais. Althusser, lui, se demande ce qui ne peut plus durer au parti communiste [1]. Ce qui ne peut plus durer, c'est tout simplement ce qui dure depuis cinquante ans, et dont la dénonciation rituelle jalonne les annales du parti. Elle vise comme toujours la restitution d'une transparence du parti, d'une dialec-

1. Voir *le Monde* des 25, 26, 27 et 29 avril 1978.

tique de la base et du sommet (qui n'a jamais été historique), d'une dialectique de la pratique et de la théorie (qui, elle, n'a même jamais été philosophique). Rien de nouveau : l'incantation antistalinienne, plus mystifiante encore que le stalinisme de l'appareil.

Cette adresse a fait immédiatement figure d'événement, et tout le monde s'en est profondément réjoui comme d'une parole de vérité. Tous, sauf le seul qui aurait profondément lieu de s'en réjouir : le P.C. lui-même. Car l'événement n'a d'historique que cette sorte de complicité effarante qui lie l'accusateur Althusser et l'accusé P.C., et la mystification totale qui s'ensuit.

La vérité est qu'il faut sauver le P.C.F. : tel est l'impératif catégorique de toute la classe politique, voire de toute la société française. Seule structure forte à laquelle puisse tenir encore l'illusion du politique et du social, et donc la possibilité de faire graviter les masses autour de ces deux astres morts, le P.C. doit être sauvé et ressuscité à tout prix. Il y a longtemps qu'il n'incarne plus nulle menace de prise de pouvoir ni de subversion de l'ordre, mais tout le monde a besoin de cette idée, de ce phantasme du parti (et c'est là sa force), sinon c'est tout l'ordre politique qui tombe en désaffection, c'est le social, pas seulement l'ordre social, mais le social tout court qui s'effondre par désimulation brutale. Le P.C. est le dernier garant d'un enjeu politique et social, fût-il de simulation. Voilà pourquoi son existence, sa crédibilité, sa légitimité sont tabou d'un bout à l'autre de l'éventail politique.

Or le P.C. a fait du bon travail lors des dernières élections. Il a arrêté une fois de plus le volant de l'histoire au point rétro d'une opposition de gauche impuissante, nostalgique et pédalant dans la semoule, mais gardant une vocation historique de relève, sauvant ainsi *l'imaginaire* du pouvoir de gauche en assurant la réalité de celui de la droite, et ménageant à toute la classe politique un bail supplémentaire de cinq ou dix ans avant d'être affrontée à sa perte radicale de réalité et à la fin cruciale du politique. Toutes proportions gardées, c'est la même chose en Italie – là-bas, le référentiel en perdition, c'est l'État italien, et qui va le sauver par son intervention régénératrice, envers et contre tous? c'est le P.C.I., allant jusqu'à s'identifier à lui (voir le savoureux épisode d'Aldo Moro : le P.C.I. se substituant à l'État défaillant pour tenir ferme et sacrifier la tête de l'État, c'est le charme discret de certaines situations historiques). Le service que le P.C.I. rend à l'État italien, Althusser le rend en France au P.C.F.

Celui-ci risquait de payer cher, à la suite des élections, non pas tellement l'éminent service rendu à la droite (tout compromis interne à la classe politique, que ce soit de droite ou de gauche, est sans grande importance), mais sa défection politique en général. Car c'est cela qui est grave, le désenchantement politique, avant-goût de la mort, la dissuasion de tout enjeu politique, de tout spectacle, de tout pari pris sur l'avenir. Ce que cachait la face tonitruante et hâbleuse de Marchais, c'était ce refroidissement délibéré de l'histoire, cette déception en profondeur, celle aussi bien des militants, cette division de l'imaginaire pour mieux régner sur le réel, cette mortification. Si le P.C. n'avait voulu que battre le P.S. au prix d'un échec commun, c'eût encore été une stratégie *politique,* et, ma foi, celle-là ou une autre... mais c'est encore bien de l'honneur que d'imputer au P.C. une stratégie d' « échec ». C'est escamoter la véritable imputation : à savoir que le P.C., bien au-delà des socialistes, fait échec *à toute stratégie,* échec au déroulement de l'histoire, c'est qu'il est devenu une force de dissuasion et de déception sans exemple, et que tout ce qu'il a à offrir, c'est une *morale,* une morale *domestique* : sauver les meubles, sauver les appareils, sauver l'État, sauver les institutions. Surtout pas de stratégie, la stratégie est dangereuse : un *programme.* Pas de prophétie ni d'aventure : c'est sur l'échec de la prophétie que se fonde la solidité des institutions. Et il faut reconnaître que chaque échec politique est suivi d'une vague d'inscriptions au parti, éternel objet de stupéfaction pour la raison logique. Mais c'est que le militantisme repose sur ce type d'investissement déçu. Frustré d'une victoire, d'une parousie ou parodie du grand soir, on va pouvoir investir une pratique à long terme *avec une résignation acharnée,* d'autant plus acharnée qu'elle est promise à un nouvel échec. « On les aura dans cinq ans! » Comme on sait, si le royaume de Dieu était de ce monde, l'Église ne serait pas.

Le P.C. fait donc bien de tourner indéfiniment autour du pouvoir, comme un chat, sans vouloir le prendre. Car il ne vit que de la *révolution différée.*

Chaque échec de la révolution, chaque occasion manquée (mais de peu) le renforce dans son être, dans l'attente, dans l'institution à long terme. Il aime les élections, et il fait confiance à la majorité silencieuse, à la droite, pour lui épargner la victoire et les risques du pouvoir. Juste en dessous de 50 % est la situation idéale pour lui. Cela lui permet de ne pas jouer l'alternance (où il serait laminé par le P.S.), ni la révolution (où il serait laminé par l'histoire). Cela lui permet de rester en réserve de la gauche, en réserve de la République, en réserve de l'Histoire, en réserve de la Révolution. Ce ghetto où il s'enferme et dont il fait semblant de se plaindre est le seul milieu artificiel où il puisse survivre. Là il peut exercer sa grande force tranquille, sa vocation gelée de gestionnaire à l'abri du pouvoir, sa vocation de majorité silencieuse oppositionnelle.

C'est cela la *vérité* du P.C., la vérité indépassable du parti communiste. Et pas seulement celle de son appareil mais celle de l'appareil *et des militants,* tous ensemble. L'institution tout entière est opérationnelle de la base au sommet. Et il y a dans ce sens une souveraine hypocrisie de la part d'Althusser à dissocier une fois de plus le militant de l'appareil, pour idéaliser l'un contre l'autre. Qu'est-ce qui lui permet de faire cette discrimination, sinon sa vieille morale philosophique, et l'intention de refaire au parti une vertu et une virginité sur le dos des militants revus et corrigés comme *dissidents de l'appareil*? Merveilleuse candeur que de déclarer simultanément aux militants qu'ils sont le sel du parti, mais qu'ils n'ont été capables depuis cinquante ans que de se faire

suborner, manipuler, duper, violer par l'appareil!
C'est les accuser d'inintelligence historique et de
bêtise incurable. C'est les mépriser plus que ne le fait
l'appareil lui-même.

Marchais a parfaitement raison contre Althusser :
il est vrai que les militants, dans leur immense
majorité, sont contents, et que le parti, *tel qu'il est,*
leur offre ce qu'ils désirent. Sinon ils n'y resteraient
pas. Ou alors, c'est qu'ils sont stupides. On n'en sort
pas, Althusser n'en sortira pas : ou le mépris de fait
derrière la vision idéaliste, ou la nécessité d'abandon-
ner toute son analyse d'un prétendu complot du
sommet contre la base, d'un prétendu abus de
pouvoir et de mystification par l'appareil, qui toujours tend à régénérer en fait l'*essence* du parti. Ce
problème dépasse d'ailleurs de loin le parti et engage
toute l'analyse sociale actuelle : les masses ne sont-
elles qu'un bétail éternellement aliéné et manipula-
ble à merci par un prétendu pouvoir qui les instru-
mentaliserait sans coup férir, on va-t-on se décider à
analyser ce qu'il en est de la « passivité » des masses
et de leur prétendue manipulation? Toute l'analyse
d'Althusser repose sur cette idéologie de la transparence inverse (toujours rêvée, toujours déçue) du
militant.

Toute son argumentation revient à :
– opposer le militant à l'appareil;
– opposer le parti à ce qu'il devrait être;
– opposer le parti à sa propre politique.

Bref, ne jamais prendre son parti du parti tel qu'il
est. Le réchauffer par une négativité « dialectique »
venue d'ailleurs (de la théorie, des pratiques « de

base », etc.). Quelle naïveté que celle de son « exigence théorique » par rapport au parti qui, lui, a
depuis longtemps objectivement aboli cette vieille
distinction théorie/pratique dans une *logique circulaire* de la base au sommet. Pas de dialectique : une
circularité qui est celle même de la communication
de masse. Univers cool, sans chaleur dialectique
certes, mais le parti a depuis longtemps compris que
la dialectique est un plat qui se mange froid. Il a
seulement besoin à intervalles réguliers d'une réinjection hormonale de « démocratie », d' « esprit critique », d' « antistalinisme », d'une *greffe homéopathi-
que*. Pas de dialectique : de l'homéopathie. Ce fut le
travail de générations d'oppositionnels depuis toujours, de Sartre jadis, d'Althusser aujourd'hui : ressusciter l'imaginaire du parti, en refaisant pour la
millième fois la pathologie stalinienne de l'appareil.
Ce faisant, ils effacent toute analyse originale d'une
situation originale : à savoir la liquidation non
seulement du prolétariat et de sa dictature, mais celle
du *politique lui-même* et de toute stratégie, la
liquidation non seulement de la lutte de classes, mais
du *social lui-même* et du parti dans sa définition
sociale. Que représente encore le parti? Ni le
prolétariat, ni la lutte de classes, ni même un
véritable rapport de forces, il n'incarne plus que le
social dans sa définition la plus vague, le social
flottant qui est le nôtre aujourd'hui. Atteint lui-
même dans ses œuvres vives et dans sa définition
historique par la flottaison du social, le parti n'est
plus qu'une machinerie de faible définition, mais de
gestion tous azimuts, non plus métallurgique et

bureaucratique à l'image de l'usine, image spécifique de l'ère stalinienne, mais floue et opportuniste, à géométrie variable, marchant bien plus à la manipulation et au recyclage qu'à la hiérarchie et au dirigisme, bien plus à la dissuasion qu'à l'intoxication et à la discipline.

La critique antistalinienne du parti n'est donc qu'une diversion mystificatrice. Le stalinisme, voilà le monstre froid qu'on montre aux petits enfants. Mais le stalinisme n'est plus nulle part le problème essentiel et d'ailleurs il n'est même pas vrai que le parti soit stalinien – ni « démocratique » d'ailleurs –, il est d'ores et déjà autre chose, flottant lui aussi, en perte de référent et de stratégie (alors que le stalinisme suppose un référentiel et une statégie forte) : structure en évolution, en involution ou en perdition – les péripéties intéressantes qui s'offrent ici à l'analyse (qu'est-ce qu'un « public de militants », que l' « image de marque d'un parti? ») sont complètement obscurcies par la vision traditionnelle en termes de stalinisme.

C'est le même obscurantisme qui règne sur les néophilosophes et leur vision du Goulag, et Althusser peut bien diverger de nos maîtres dissidents, il nous ressert la même forme régressive d'analyse : néo-humanisme opposé à un totalitarisme rétro, réactivation d'une vieille idée de l'État et de ses pouvoirs fondée sur une conception encore panoptique de l'espace politique (l'État de surveillance et du Goulag). Recyclage, en regard, de la liberté, du droit, de la responsabilité, de l'autonomie, de la dissidence... C'est exactement le scénario de l'offen-

sive truquée d'Althusser contre le parti. Éternel
phantasme du grand Sujet manipulateur, l'État,
l'appareil, le pouvoir, et du petit sujet opprimé, mais
qui deviendra grand : la société civile, le militant, le
dissident. Éternelle polarité du stalinisme qui des-
sine à l'analyse un espace si confortable! Éternelle
pensée subjuguée et piégée dans la nostalgie du
politique et d'un pouvoir d'État, qui n'a plus au fond
de crédit que par le grief d'autoritarisme qu'on lui
fait. Le vrai stalinisme est celui de cette pensée
« critique » qui veut à tout prix croire au stalinisme
de son adversaire – le ressuscitant ainsi dans le
moment de sa défaillance.

Tout ce qui appelle à la déstalinisation, à l'autonomie, à la dissidence et à la transparence est du
même ordre de débilité analytique. Et tout se passe
comme si la société française avait mandaté Althusser pour canaliser toute la déception vers cette
problématique traditionnelle et poussiéreuse : proté-
ger le P.C. sous un stalinisme de complaisance – la
critique « radicale » n'étant jamais qu'un renfort
d'idéologie, une greffe dialectique sur le corps sans
organe du parti!

Le P.C., fuyant l'épreuve de vérité du pouvoir, se
retrouve normalement devant l'épreuve de légitimité
de son propre pouvoir. Que reste-t-il d'un appareil
qui ne veut pas prendre le pouvoir? La question
cruciale qui lui est posée n'est pas celle de sa
stratégie et de ses erreurs (encore une diversion),
mais celle de sa *raison d'être*. Quel sens peut avoir
un parti qui se détourne de sa propre finalité
historique? « Il ne sert plus à rien », dit Rocard

pragmatiquement. C'est pire : il est disqualifié dans son existence même, et risque de ne jamais se relever de cette épreuve de vérité, de ce défi auquel il n'a pas su répondre. Et là je parle en tant que militant, que je ne suis pas, mais dont je comprends le désespoir personnel, en termes non pas tellement d'échec politique que d'humiliation symbolique.

Grâce à Dieu, l'exemple que le parti a donné à ses militants, le grand exemple courageux de renoncer à se saisir du pouvoir et de rester dans une opposition pieuse, propice et constructive, ce grand exemple sera, n'en doutons pas, suivi par les militants dans leur rapport à leur propre appareil : ils savent que la sérénité est dans le sacrifice et qu'il faut se garder de tout métabolisme révolutionnaire – ils ont pu vérifier que c'est par l'involution et l'échec que le parti réussit à tenir en respect toute la société française – ils ne vont pas remettre en question cette si belle architecture dissuasive. Sans compter que l'appareil et le parti sont aujourd'hui les seuls en France à offrir une véritable *structure d'accueil disciplinaire,* où il soit permis de se ranger, quoi qu'il arrive, aux décisions de l'appareil. Quelle sécurité extraordinaire (l'armée c'est moins sûr)!

La ligne du parti peut être à géométrie variable, c'est encore une ligne, et dans le monde où tout flotte, où chacun est laissé à ses propres désirs, dans l'angoisse de faire et de penser ce qu'il veut au moment où s'abîme la volonté comme référentiel, admirons que persiste au moins cette dictature de la ligne, avec toute la sécurité qu'elle procure, et qui vaut bien la dictature de l'expression libre qu'on veut

nous imposer ailleurs. Le P.C. est la plus belle
institution protectrice et thérapeutique du monde
occidental, ne la décrions pas au nom d'un réformisme bavard et du conformisme autocritique. Après
la dictature du prolétariat, va-t-il falloir renoncer à
la dictature du parti? Rien ne dit que ce soit là un
progrès objectif, dès lors qu'on sait que la liberté de
parole et de désir est la forme moderne et mondia-
lisée de la surveillance et du silence. Oserais-je
avancer que je parle ici, encore une fois, au nom du
militant de base? Si j'étais militant, je n'aurais que
faire d'un parti vulnérable au modernisme, vulnérable à toutes les risées de l'histoire, vulnérable à ma
propre critique. Si je ne suis pas militant, je n'ai que
faire non plus d'un parti « critique », rénové et
recyclé aux couleurs de la parole et du désir – je
veux que le parti soit affronté à sa défaillance
radicale et à sa mort.

2

L'état de grâce

L'extase du socialisme

« Une idée pénible : qu'au-delà d'un certain point précis du temps, l'histoire n'a plus été réelle. Sans s'en rendre compte, la totalité du genre humain aurait soudain quitté la réalité. Tout ce qui se serait passé depuis lors ne serait plus du tout vrai, mais nous ne pourrions pas nous en rendre compte. Notre tâche et notre devoir seraient à présent de découvrir ce point et, tant que nous ne le tiendrions pas, il nous faudrait persévérer dans la destruction actuelle. »

CANETTI.

L'hypothèse serait que nous sommes actuellement en France dans une forme extatique du socialisme.

Il n'est que de voir l'extase funèbre du visage de Mitterrand.

L'extase caractérise le passage à l'état pur, dans sa forme pure, d'une forme sans contenu et sans passion. L'extase est antinomique de la passion.

Ainsi on peut parler d'une extase de l'État. Dépassionné, désincarné, désaffecté, mais tout-puissant dans sa transparence, l'État accède à sa forme extatique, qui est celle du transpolitique. A la fois personne n'y croit, et il y a une espèce d'oblation totale, de recours total, de sollicitation universelle vers cette unique figure elle-même disparue, ou en voie de disparition du point de vue politique : l'État.

Il en est de même pour le socialisme, et l'état de grâce serait cela au fond : l'assomption.exorbitante d'un modèle qui a perdu sa vérité en route.

Ce n'est pas la gauche qui a renversé la droite selon un processus de rupture, ni qui lui a succédé selon un processus d'alternance. Il y a eu quelque chose d'étrange dans le mode d'apparition de cette gauche, corrélatif d'ailleurs du mode de disparition de la droite. Celle-ci a tout simplement été effacée, comme quelque chose qui n'existait plus depuis longtemps. Ça, on s'en doutait. Mais la gauche non plus n'existe plus depuis longtemps. Ça ne l'a pas empêchée d'apparaître prodigieusement, d'un seul coup, de ressusciter, comme la vocation fondamentale de la société française, comme un patrimoine éternel (qu'on a sanctifié d'ailleurs immédiatement par toutes sortes de cérémonies commémoratives, Panthéon, mont Valérien, etc.). Sa promotion s'ins-

crit donc comme le couronnement de l'année du
patrimoine.

Ce n'est donc proprement ni une révolution ni une
péripétie historique, mais une sorte d'accouchement
post-historique longtemps retardé (tel qu'on a pu
croire à l'avortement définitif), une sorte de déli-
vrance très particulière, celle d'un enfant caché que
le capital aurait fait dans le dos à la société française.
Ça germe, ça incube, ça explose, et ça envahit tout
d'un seul coup. C'est exactement comme dans *Alien*.
La gauche, c'est le monstre d'*Alien*. Et l'événement
dans l'ensemble se révèle comme un gigantesque effet
spécial – très réussi d'ailleurs –, brève extase dans le
cours morose de notre destin populaire.

Je voudrais bien croire que tout ceci fut le fruit
d'une longue lutte sociale et politique des travail-
leurs, des syndicats, des partis de gauche, d'innombrables volontés et initiatives individuelles – mais je
n'en suis pas sûr du tout.

Je ne crois pas non plus que les gens se soient fait
quelque illusion sur la substance politique des
élections. Mais ils en ont usé à leur manière –
cinématographiquement pour ainsi dire : ils ont tiré
du médium électoral un effet spécial, un pari sur la
gauche à qui on donne tout d'un coup toutes ses
chances. « On a gagné ! » Mais attention, cette confiance spectaculaire est en forme de défi : on se paie
la gauche, dans tous les sens du terme. Les représentants du peuple là-dessus sont bien naïfs : ils

prennent leur élection pour une approbation et un
consensus populaire, ils ne soupçonnent jamais qu'il
n'y a rien de plus ambigu que de pousser quelqu'un
au pouvoir et que le spectacle le plus réjouissant
pour le peuple a sans doute toujours été l'échec d'une
classe politique. Quelque part, dans les tréfonds de
la fameuse *conscience populaire,* la classe politique,
quelle qu'elle soit, reste l'ennemi fondamental. Du
moins, il faut l'espérer.

   Je ne crois pas non plus que cet *acting-out*
électoral ait entraîné pour la majorité des gens une
projection déterminée de leurs espoirs, une allé-
geance au socialisme comme volonté de représentation. Je pense que c'est plutôt l'imagination esthétique et morale qui a été touchée, mais pour le reste,
pour l'imagination historique et politique, cet événement est sans conséquences. C'est l'extase qui compte. Ça change, ça va changer! On n'y croit pas au
sens d'une finalité ou d'un dépassement historiques,
on y apporte cette velléité d'assentiment, cette velléité
de croyance, cette créance mouvante et curieuse
qu'on accorde aux effets de l'innovation, aux effets
du changement, voire aux effets de la mode. Et je ne
dis pas cela légèrement, ou métaphoriquement. Je
pense qu'on entre littéralement, avec ce socialisme
non sexué politiquement, avec ce socialisme extatique et asexué, dans l'ère du prêt-à-croire, comme la
mode est entrée dans l'ère du prêt-à-porter (la mode
aussi est extatique et transsexuelle).

L'avènement du socialisme comme *modèle* est tout
à fait différent de son événement historique. Comme
événement, comme mythe, comme force de rupture,
le socialisme n'a pas, comment dire, le temps de se
ressembler à lui-même, de prendre force de modèle,
il n'a pas le temps de se confondre avec la société – à
ce titre il n'est pas un État stable, et n'a d'ailleurs
fait que de brèves apparitions historiques. Tandis
qu'aujourd'hui le socialisme se propose comme
modèle stable et crédible – ce n'est plus une exigence
révolutionnaire, c'est une simulation de changement
(simulation au sens de développement du meilleur
scénario possible) et une simulation du futur. Pas de
surprise, pas de violence, pas d'outrepassement, pas
de passion véritable. Le modèle, comme tout modèle,
est fait pour se réaliser dans une totale ressemblance
à lui-même, il est fait pour s'hyperréaliser. C'est
pourquoi je dis qu'il est extatique : l'hyperréel, c'est
l'extase du réel figé dans sa propre ressemblance,
expurgé de l'imaginaire et figé dans son modèle
(même si ce modèle est celui du changement).

Tout cela pour poser la question dont dépendent
pour nous tous l'enjeu de la situation et la possibilité
même d'y comprendre quoi que ce soit : y a-t-il, avec
ce socialisme, résurrection du politique et de la scène
politique? Y a-t-il décélération du processus transpolitique d'évanouissement du temps et de l'histoire
– dans le changement comme processus généralisé de
dissuasion des enjeux politiques et sociaux, comme
processus de disparition du réel et de transparition
extatique de tous les modèles – l'État comme modèle
extatique d'accomplissement de la société, la terreur

comme modèle extatique d'accomplissement de la violence, etc. ?

Je n'y réponds pas : c'est là le point aveugle dont parle Canetti, où, sans s'en rendre compte, la totalité du genre humain aurait quitté la réalité. C'est avec ce point-là que nous avons fondamentalement à faire : réalité ou irréalité de cette histoire. Tout se joue là et, malheureusement, il semble que ce point soit hors de portée de la pensée critique. C'est là le dilemme crucial. A moins de quelque réversion miraculeuse de l'histoire, qui rendrait sa chair et son sang à quelque projet social que ce soit, et à la réalité tout court, il nous faut, comme le dit Canetti, persévérer dans la destruction actuelle.

L'assomption des valeurs critiques de la théorie dans le socialisme fait partie de cette extase. Extasiées, elles nous regardent désormais ironiquement, du haut du pouvoir.

Or, les concepts théoriques n'offrent jamais d'alternative réelle – il ne faut surtout pas s'y tromper. Dans leur exercice le plus radical, ils font chanceler la réalité, ils sont un défi au réel. Et ils doivent le rester, sous peine de se retourner contre vous sous forme de jugement de valeur, sous forme de principe, et en particulier de ce principe de réalité qu'ils ont pour tâche de battre en brèche.

La métaphore doit rester métaphore, le concept doit rester concept. Tant pis pour les intellectuels.

Dernièrement voilà pourtant ce qui nous arrive : l'assomption d'une alternative socialiste, la matérialisation sous le signe du pouvoir politique de tout le système conceptuel de valeurs (progrès, morale de l'histoire, rationalité du politique, imagination créatrice et, *last but not least :* la vertu transfigurée par l'intelligence au pouvoir – bref tout l'idéal platonicien qui est foncièrement celui de la classe intellectuelle, même si elle le dénonce).

68, lui, ne s'y était pas trompé – 68 n'avait *pas* mis l'imagination au pouvoir, il s'était contenté d'une joyeuse assomption dans l'imaginaire, et d'un joyeux suicide, ce qui est, en histoire, la forme la plus courtoise du succès. 68 avait exalté l'exigence poétique du social, l'inversion de la réalité et du désir, et non leur réconciliation vertueuse dans un passage à l'acte socialiste. 68 est heureusement resté une métaphore violente, sans devenir jamais une réalité, aujourd'hui l'imaginaire est descendu des murs irréels de Nanterre dans les tiroirs du ministère. Et cela circonvient subrepticement toute la situation intellectuelle.

Comment fonctionner dans l'avènement de la promesse, dans la prétention de l'idée à la réalité, dans le passage de la parole au droit à la parole, dans la législation de toutes les métaphores illégales, dans l'illusion réaliste du social? Même du point de vue politique, il y a là une sorte de contresens fondamental. Car cette volonté de réconcilier la marche de la société avec son projet volontaire et cohérent, cette volonté de réaliser la promesse toujours fallacieuse du politique (et qui n'est véritablement efficace que lorsqu'elle est fallacieuse – Mandeville), cette volonté est mortelle, et mortellement ennuyeuse. C'est le contresens même du socialisme.

Mais cela est une autre histoire. De toute façon, le

pouvoir est aujourd'hui laissé à des gens (et cela ne vaut pas seulement pour les socialistes) qui ont renoncé explicitement à son exercice, qui n'ont plus rien de politique et se déclarent ouvertement inaptes à l'ambiguïté, à l'immortalité du discours (ce qui est le ressort même d'une ambition mondaine, là-dessus Machiavel et les jésuites sont parfaitement d'accord) et fidèles à la transparence de l'idée. Que reste-t-il alors aux intellectuels, dont la transparence de l'idée est la profession de foi? Si le social se met à fonctionner à la bonne volonté, alors que reste-t-il, pour être véritablement politique, que de fonctionner à la mauvaise volonté?

> « C'est l'État qui veille sur le rêve.
> C'est la réalité qui s'incarne. »
>
> F. RÉGIS BASTIDE.

Le nouveau pouvoir se veut culturel et intellectuel. Il ne veut plus être une puissance historique cynique, il veut être l'incarnation des valeurs. Ayant trahi son essence politique, il veut que les intellectuels, de leur côté, trahissent la leur, et passent du côté de la réconciliation du concept, qu'ils perdent la duplicité du concept comme eux ont perdu la duplicité du politique, et se laissent aller du côté du réel, vers une béatification discrète de leurs espoirs, vers une réconciliation polie du réel et du rationnel, ou du réel et de l'imaginaire. Tel est le contrat qui nous est proposé par ce pouvoir qui n'en n'est plus un – comble de la démocratie, pouvoir hypocrite de la vertu – et nous y sommes piégés. Car l'intellectuel est malheureusement toujours assez virginal pour être complice de la répression du vice. Lui non plus n'est plus à la hauteur de l'exercice cynique, c'est-à-dire immoral et ambigu, de la pensée, pas plus que les politiques ne le sont de celui du pouvoir.

En réalité, nous ne devrions pas nous faire tellement peur, car ce socialisme-là n'est que le simulacre d'une alternative – ce n'est justement pas un événement, mais la matérialisation posthume d'une idéologie révolue. C'est la forme prise par un modèle, et non par un mythe, ni même par une histoire – sans illusion sur sa propre puissance fondatrice, mais se proposant simplement comme crédible, sans illusion sur la passion politique qui le sous-tend, mais se proposant comme pathos, comme artefact moral et historique – contre ce simulacre pieux du socialisme, enfin échoué, après tant d'échecs, sur la grève du pouvoir, contre ce fantôme de morale nous ne pouvons rien, de même que nous ne pouvions pas grand-chose, faute de substance, contre le fantôme giscardien du pouvoir, tout comme la pensée de la révolution était puissante contre le capital, mais anéantie devant le fantôme du capital.

L'ordre simulé nous vole toute puissance de dénégation, le socialisme simulé nous vole toute puissance de participation. Car les valeurs qu'il simule (progrès, profit et production – Lumières, histoire et rationalité), nous les avons analysées et réduites dans leur prétention à la *réalité*, mais nous ne les avons pas abolies comme simulacres, comme spectres de seconde main : ceux-ci ne se peuvent pourfendre, étant transparents et insubstantiels. Et c'est ce spectre socialiste de seconde main qui hante aujourd'hui l'Europe. Nous errions parmi les fantômes du capital, nous errerons désormais parmi le modèle posthume du socialisme. L'hyperréalité de tout cela ne changera pas d'un pouce, dans un sens elle est depuis longtemps notre paysage familier. Nous sommes malades de leucémie politique, et cette indifférence grandissante (nous sommes traversés par le pouvoir sans en être atteints, nous traversons le pouvoir sans l'atteindre lui non plus) est tout à fait semblable au type de pathologie le plus moderne; à savoir non pas l'agression biologique objective, mais l'incapacité grandissante de l'organisme à fabriquer des anticorps (ou même, comme dans la sclérose en plaques, la possibilité pour les anticorps de se retourner contre l'organisme lui-même).

Ainsi le socialisme au pouvoir n'est qu'une phase ultérieure dans le désenchantement prétentieux de cette société. Pourtant quelque chose ici nous prend un peu plus au dépourvu. Car c'est la première fois que le pathos culturel collectif, que ce qui reste épars, dans les décombres de cette société balayée par la salubre catastrophe idéologique de 68, d'utopie politique et morale, est ainsi promu sur la scène pour y être opérationnalisé comme fantôme. Nous connaissions en gros, dans ces vingt dernières années, la promotion de l'économie comme gigantesque prothèse référentielle, support-surface de toute velléité collective, inattaquable dans son objectivité prétendue. De là tombaient non seulement les jugements de fait, mais les jugements de valeur et la décision politique (certes tout se joue sur une simulation de rationalité économique, à laquelle de toute façon personne ne comprend plus rien, mais qu'importe ? La fiction de la juridiction de l'économie peut devenir toute-puissante – elle devient la véritable convention collective). Cette fois on nous propose une autre convention collective : c'est la morale et la culture qui se matérialisent comme prothèse de gouvernement. Social-prothèse, culture-prothèse (« vos idées nous intéressent », « vos désirs nous intéressent », « votre créativité nous intéresse » – le banquier de la B.N.P., lui, était plus franc : « votre argent nous intéresse », et les gens du tiers monde plus brutaux : « vos poubelles nous intéressent »), réinvention, après trop de gestion objective qui acculait les gens à l'indifférence, d'une subjectivité sociale, d'une affectivité sociale appuyée sur ses morts (le Panthéon), puisant dans les ruines de l'imaginaire historique de quoi synthétiser un fantoche de volonté collective.

Et là, nous, intellectuels, sommes piégés. Car tant qu'il s'agissait d'économie, de programmation et du désenchantement d'une société libérale, nous gar-

dions notre for intérieur, riches d'une réserve mentale et politique indéfinie, vestales d'une petite
flamme critique et philosophique, promesse d'une
efficacité silencieuse de la théorie (et d'ailleurs la
théorie se portait très bien, elle ne retrouvera sans
doute jamais la qualité offensive et jubilatoire en
même temps que la sinécure grandiose dont elle a
joui ces vingt dernières années).

Les forces vives étaient bien là où elles étaient,
c'est-à-dire ailleurs, dans l'autre France, en deçà du
pouvoir, à l'ombre du lendemain. Quelle aberration,
quel péril de propulser ces forces vives à la direction
des affaires! Rien de pire que l'absorption de la
puissance théorique dans une institution. J'entends :
l'utopie même des concepts selon lesquels nous
analysions cette situation qui n'était pas la nôtre et la
dissolvions dans ses composants imaginaires, cette
utopie même se retourne contre nous sous forme de
jugement de valeur réel, de juridiction intellectuelle-
ment armée de nos propres armes, sous forme de ce
fantôme de volonté collective, fût-elle celle de notre
propre classe, qui garde, même dans la simulation, le
pouvoir de nous annuler. Gardiens de la distorsion
sublime des signes et du réel, nous sommes piégés,
paralysés par la mise en scène de leur réconciliation.

C'est comme une précipitation chimique qui soli-
difie les cristaux et met fin à la solution en suspen-
sion par une résolution dont l'effet est irréversible.

Nous n'avons plus d'ennemis. Parce qu'ils sont au pouvoir, les meilleurs (subjectivement) sont aussi les pires (objectivement). Pragmatiquement – puisque toute pragmatique est paradoxale, nous n'y échapperons pas – nous serions nous aussi dans une sorte de double bind, un dilemme insoluble (et non pas une contradiction historique). Celui-ci : nous sommes sommés de participer réellement, comme s'il était réel et de première main, à un événement irréel et de seconde main. Rares sont les événements qui arrivent à leur heure, certains sont prématurés, d'autres arrivent après coup et ne sont que le recyclage d'une péripétie ratée de l'histoire. *Simulatio post mortem.* Il y a des fausses couches après terme comme il y a des fausses couches avant terme. Celle-ci en est une. L'avènement de ce socialisme, non par enthousiasme mais par désaffection (du reste), non par rupture historique mais par épuisement de l'histoire (relayée par l'évidence rétroactive de la France profonde), cet avènement par défaut d'un modèle historique qui a perdu sa vérité en route est bien de l'ordre du recyclage et de la simulation, mais il exige que nous fassions *comme* s'il en était la version originale. (Il ne s'agit pas du tout de dire que les acteurs de ce psychodrame socialiste sont des faussaires, ou des dupes – leur intégrité, leur enthousiasme à eux [certains du moins] n'est pas en cause. C'est malheureusement plus grave que cela : ce qui est en cause, c'est l'intégrité, c'est l'originalité de l'action historique elle-même.) Nous sommes donc sommés de simuler en retour, de faire comme si l'irrésistible progrès de l'histoire nous avait amenés là et comme si tout cela s'accordait, selon une étrange ressemblance formelle, avec l'espoir de changer la vie. (Vieux slogan rimbaldien devenu socialiste – réjouissez-vous, aujourd'hui on va vraiment changer la vie – c'est merveilleux! Toujours l'effondrement de la métaphore dans la réalité.)

Ce dilemme où nous sommes laissés n'est pas tout. Il y a quelque chose d'autre à dénoncer, même s'il est bien difficile de le faire, et qui touche à la confusion profonde de tout projet socialiste, même si ses intentions sont pures – elles n'en sont pas moins naïves. Je reviens à Mandeville et à sa *Fable des abeilles*, où il montre (au XVIIᵉ siècle, diront certains, la Révolution a changé tout cela – mais je n'en crois rien) que ce n'est pas la moralité ni le système positif de valeurs d'une société qui la font changer et progresser, c'est son immoralité et ses vices, c'est son dérèglement par rapport à ses propres valeurs. Ceci est en quelque sorte le secret du politique : cette duplicité structurelle dans le fonctionnement des sociétés, qui est bien autre chose que celle, psychologique, des hommes au pouvoir. Duplicité qui fait profondément du processus social un *jeu* où la société pour une bonne part déjoue sa propre sociabilité, et survit grâce à cette flexibilité des apparences, grâce à ce détachement et à cette stratégie immorale (collective sans aucun doute, mais non visible et non concertée, et déconcertante pour elle-même) vis-à-vis de ses propres valeurs.

A cela s'oppose tout à fait (et c'est pourquoi je dis qu'ils ont perdu le sens du politique) la conviction socialiste – qui est celle de toute la sociologie aussi – que toute société est virtuellement sociale, c'est-à-dire solidaire de ses propres valeurs et cohérente dans son projet collectif. Le problème est alors de réconcilier la société avec son propre projet et de « socialiser » ce qui ne demande qu'à l'être. Anéantir toute duplicité, toute stratégie des apparences au niveau des valeurs – maximalisation de la relation sociale, densité de la responsabilité collective (et du contrôle aussi bien sûr), visibilité des structures et du fonctionnement, apothéose de la morale publique et de la culture. Tel est le rêve socialiste, éperdu de transparence, ruisselant de naïveté. Car quel groupe a jamais fonctionné ainsi – mais surtout : quel groupe en a jamais rêvé? Il est heureusement vraisemblable qu'aucun projet social digne de ce nom n'a jamais existé, qu'aucun groupe au fond *ne s'est jamais conçu idéalement comme social,* bref qu'il n'y a jamais eu même l'ombre (sauf dans les têtes intellectuelles) ni l'embryon d'un sujet collectif à responsabilité limitée, ni la possibilité même d'un objectif de cet ordre. Les sociétés qui vouent leurs énergies à cela, qui se lancent dans ce rêve moral de socialisation, sont perdues d'avance. Là est le contre-sens fondamental. Heureusement elles échoueront toujours, elles s'échapperont à elles-mêmes, le social n'aura pas lieu.

Septembre 1983

La gauche divine

Il n'est qu'une façon de mettre fin à ce référendum symbolique du régime auprès des intellectuels, qui a défrayé la chronique des vacances, c'est de retourner la situation. Il faut renvoyer à la classe politique la question que celle-ci pose aux intellectuels. Elle leur dit : où est votre vertu, où est votre conscience, où est votre énergie? Mais c'est à eux (et à tout le monde bien sûr, mais les masses, elles, ne posent pas de questions, leur silence ne date pas des vacances, ni même du socialisme), c'est à eux de poser aux politiques, à la classe politique, cette même question : où est votre vertu, où est votre conscience, où est votre énergie politique?

Il est vrai que le socialisme engendre une corruption, une décomposition de la position intellectuelle, puisqu'il se présente comme absolution de toute contradiction, comme utopie réalisée, comme réconciliation de la théorie et de la pratique, bien-être, bénédiction : c'est la fin de la part maudite, c'est ·la fin des intellectuels (mais ils peuvent continuer de travailler!). Je veux dire qu'il n'y a plus de passion propre de l'intellectuel. Car il ne suffit pas de lui demander d'être une conscience critique de son temps, ou une caution morale – il faut encore que tout cela procède d'une passion propre : avec Gide c'était la sincérité, avec Sartre c'est la lucidité, avec les situationnistes et d'autres c'est la radicalité – après, c'est fini, il n'y a plus de vertu politico-intellectuelle. Après, c'est l'ironie, la fascination d'un monde dominé par les processus aléatoires, les déroulements microscopiques – la transhistoire, dont la traversée est aussi dangereuse que celle d'un champ de mines.

Nous n'aurons plus jamais la sincérité, même truquée, de Gide, nous n'aurons plus la lucidité, même inoffensive, de Sartre, nous n'aurons plus la radicalité, même spectaculaire, des situationnistes ou de 68. Mais les politiques non plus n'auront plus jamais la passion des idéologues, ni l'énergie politique d'une stratégie propre, ni bien sûr la radicalité des révolutionnaires (sur ce point nos dirigeants actuels sont assez clairs, c'est leur seule clairvoyance). Je ne crois même pas qu'ils gardent l'illusion de représenter vraiment quelque chose, ni d'être autre chose que les conservateurs en chef de la France profonde. En fait, ils gouvernent une machine qui ne répond plus. Ce ne sont pas les intellectuels qui se taisent, c'est la machine qui ne répond plus. Et ni les intellectuels, ni la classe politique elle-même, qui est largement dépassée par cette situation, n'en sont responsables.

Il y aurait donc sans doute un précis de décomposition de la classe intellectuelle à écrire, mais aussi, en regard, un précis de dégénérescence de la classe politique.

C'est en pleine méconnaissance de cause que les socialistes accèdent au pouvoir et y transfèrent leur projet de société. Ils pensent que leur avènement est une récompense méritée et la suite logique du déroulement de l'histoire, ils ne voient pas qu'ils occupent un espace laissé vide par le reflux des passions historiques et politiques, l'espace virtuel d'une fin de l'histoire qu'ils se contentent de gérer comme ils peuvent – lanterne rouge ou lanterne rose. Ils oublient qu'ils ont été eux-mêmes balayés dans les années 60/70 par une situation autrement originale. La perte du sens, la fin de l'histoire, l'agonie du politique, la transparence et l'indétermination du social lui-même, la puissance de la simulation, l'omniprésence et l'obscénité des médias, c'est autour de tout cela qu'a tourné une certaine surfusion intellectuelle et théorique de ces années 60/70, qui, elles, furent véritablement une sorte d'état de grâce. C'est tout cela qui était en jeu en 68 aussi, et n'oublions pas que 68 est ce qui a retardé de dix ans l'avènement du socialisme. Cette situation impondérable, inanalysable dans toute son étendue, mais nouvelle et radicale, n'a pas cessé pour autant, ni les ravages de la déconstruction de certains concepts fondamentaux. Les socialistes n'ont tiré de tout cela qu'une leçon de basse politique, une leçon de gestion et de morale, de réparation des dégâts causés par le capitalisme et de réhabilitation d'une histoire sociale fatiguée. Renouant avec leurs vieux principes, ils ont pris gentiment la suite des réformes de 36 ou de la fin de la dernière guerre, enchaînés à une histoire (la leur et celle de leurs réformes) qui n'a pas eu lieu, mais qui n'avait plus lieu d'avoir lieu, parfaitement étrangers à l'immoralité de la situation nouvelle. Il faut dire à leur décharge que cette situation est sans doute objectivement ingouvernable, qu'il n'y a plus de principe de gouvernement – mais justement : nécessité d'une immoralité nouvelle, à la mesure de cet état de choses, et non d'une nouvelle morale, nécessité de jouer ouvertement, autrement, dans ce monde de simulation, de désimulation brutale (le terrorisme), d'information, au lieu de cultiver les vieilles stratégies d'équilibre et de contrôle. Tout le rapport du pouvoir aux médias, à l'information, témoigne de cette impossibilité d'une stratégie propre et de cette pieuse méconnaissance des choses.

Ainsi la télévision. Le pouvoir politique pense naïvement qu'elle et les autres médias sont faits pour faire passer des messages, dont le sien, politique. D'où une stratégie banale de contrôle, sans espoir, souvent caricaturale (les temps de parole, etc.). Or la télévision s'est emparée de nous d'une autre façon : c'est le pouvoir lui-même qui est devenu télévisuel. Non pas au sens où il utiliserait la télévision comme medium publicitaire (c'est banal et au fond ça ne marche pas très bien), mais au sens où la télévision, comme le dit bien McLuhan, est un medium de faible définition, une image de peu de sens, qui oblige dont le téléspectateur à alimenter l'image en quelque sorte, à combler le vide interstitiel, à la fois de l'image et du message, à s'investir davantage dans le décodage de la perception. C'est exactement ainsi que fonctionne aujourd'hui le pouvoir : le régime politique n'est qu'une sorte de grille, d'écran à définition minimale, aussi désintensifié que l'image télé, et qui fonctionne par son absence même de relief et de caractère. Il ne marche pas à la décision, à la volonté, à l'énergie, il marche à la sollicitation, à l'induction (ce n'est certainement pas de la séduction!), qu'il obtient par sa propre indéfinition. C'est comme pour l'image télé : vous ne pouvez pas ne pas jouer, vous ne pouvez pas ne pas aller au-devant de l'image, tactilement, pour combler son vide, en termes sensoriels. Ici, c'est en terme social d'animation, de créativité, de participation qu'il vous est demandé cette sorte d'adhésion réflexe, sensorielle. Paradoxalement, ce régime offre si peu de relief qu'on ne peut même plus prendre ses distances – c'est encore comme pour l'image télé : elle a une prégnance très faible, mais elle efface en même temps tout regard critique. Elle atténue toute possibilité de jugement par son insignifiance, par sa transparence même.

C'est là le stratagème, c'est là la stratégie sans stratège dans laquelle nous sommes, dans laquelle le pouvoir est pris. C'est tout le stratagème de la participation sociale ou sensorielle qui est ainsi déporté au plan du politique, dans des régimes qui ne prétendent plus au fond à la volonté historique, dans des régimes à encéphalogramme plat qui sont, bien plutôt qu'une énergie, un écran d'absorption. Certes ils ne cherchent pas à capter votre volonté (pour cela il faudrait qu'ils en aient une), ils cherchent à vous impliquer émotionnellement, à tisser une ambiance : vous participez du socialisme comme d'un jeu vidéo ou d'une dramatique à la télé.

Il y a aujourd'hui une beaucoup plus grande tolérance du pouvoir envers la société civile, et une plus grande tolérance également de la société civile envers le pouvoir due à un égal délestage de responsabilité, à un égal transfert de souveraineté vers la sphère des médias et de l'information. Les deux pôles de l'univers politique se sont respectivement démis de leur puissance au profit d'une collusion fantomatique sur les écrans. Ou bien encore, pour désarmer les contradictions, le pouvoir n'a trouvé d'autre stratégie que de renoncer à incarner le pouvoir, en échange de quoi il obtient de la société civile qu'elle cesse de l'être et de se considérer en droit comme virtuellement souveraine. Désarmer la société, pour faire advenir le social, l'idée du social, tel est le projet un peu bouffon d'un pouvoir qui n'en peut plus de l'être après en avoir si longtemps rêvé. Comme si le social – s'il existe – n'existait pas *déjà*, totalement, dans son ambiguïté, et comme si le pouvoir pensait lever cette ambiguïté en s'escamotant lui-même!

On voit dans ces conditions combien il est vain de solliciter des masses une prise de conscience ou d'exiger des intellectuels un engagement proportionnel à leur lucidité (ou se lamenter comme font beaucoup sur le paradoxe qui fait que leur engagement est inversement proportionnel à leur lucidité!). Toutes ces questions ont peut-être eu un sens lorsqu'il s'agissait d'un pouvoir politique déterminé, envers lequel il est possible de trouver une adhésion ou une distance déterminée. Ce n'est plus le cas aujourd'hui, où le même piège de l'indétermination, de la simulation, de la perte de valeurs et de références s'est refermé à la fois sur le champ pratique de l'histoire et sur le champ théorique de l'analyse.

On pouvait penser que l'événement du socialisme doive coïncider avec une vivacité nouvelle de l'histoire et une recrudescence des passions collectives. Or, tout au contraire, il semble que cet événement nous tienne quittes de tout cela et ne soit que le solde de l'histoire – le solde de la liquidation de l'histoire. De la révolution en tout premier lieu. Là-dessus Louis Mermaz est on ne peut plus clair : « La révolution n'est plus à l'ordre du jour en France. » Qu'il nous soit permis de citer son oraison funèbre : « Un pays comme la France vit sur une tradition aujourd'hui établie, celle de la Révolution française. C'est un acquis. La révolution n'est pas à l'ordre du jour en France parce que la grande Révolution a eu lieu. Elle a servi d'exemple à toutes les révolutions dans le monde depuis bientôt deux siècles. La situation n'est pas révolutionnaire en France, et nous ne rougissons pas (!) de dire que notre démarche est une démarche réformiste appuyée sur une tradition républicaine. Nous voulons faire des réformes de structure, économiques, sociales, mais par la voie des élections, par la voie parlementaire, en acceptant l'alternance, en considérant que ce que nous faisons a un caractère irréversible, non parce que nous le décrétons, mais parce que cela correspond à l'évolu-

tion des mœurs et de la société... Dans une révolution, il y a toujours deux aspects : celui, inacceptable,
du déchaînement des passions, des violences, des
instincts impurs (!) et celui du résultat lui-même de
la révolution. Une révolution ne sera jamais un bien
en soi. On ne peut qu'être contre ce point de vue...
Toute notre démarche dans la France d'aujourd'hui
est de faire en sorte qu'il n'y ait pas de révolution. Je
le dis haut et ferme : nous ne sommes pas des
révolutionnaires, car la situation n'est pas révolutionnaire. »

C'est très clair en effet : la Révolution comme
acquis, c'est la fin de l'histoire. L'événement a eu
lieu, c'est terminé. Et le socialisme prend appui sur
cette fin de l'histoire. Et il fera tout, il le dit
clairement, pour qu'un tel événement n'ait plus
jamais lieu. C'est pourquoi nous le voyons tellement
friand de commémorations, et peu friand d'événements nouveaux. Mais même là ils reculent. Eux qui
se fondent, dès le départ, sur l'exaltation de la
culture et du patrimoine, ils n'auront même pas
réussi à commémorer cette Révolution de 89 dans
une exposition. Le renoncement à ce pari de 89 est
une résignation historique, c'est-à-dire une résignation à la fin de l'histoire. Non seulement le socialisme n'arrive pas à produire une nouvelle histoire,
une histoire originale (tout ce qu'il fait est placé sous
le signe de la réhabilitation, de la restauration de la
France comme un chef d'œuvre en péril), mais il ne
parvient même plus à en assurer la reproduction
symbolique. Si le régime renonce même à cette forme
commémorative sous de vains prétextes économiques

ou de basse politique, alors c'est que lui-même prend acte de la fin de l'histoire et de son incapacité à la prolonger même symboliquement. Mais peut-être est-il dangereux de se vouloir les héritiers des gens de 89, qui, eux, ne se sont jamais demandé s'il valait mieux, étant donné la conjoncture économique et la crise, faire ou non cette révolution – alors que ceux-ci n'arrivent même pas à faire une exposition? (Déjà le Danton de Wajda avait fait passer quelques sueurs froides.)

Plus généralement, le socialisme n'a-t-il pour résultat que de favoriser une société où il n'y ait plus trace d'antisociété, ou bien est-il lui-même la résultante d'une histoire d'où peu à peu tout projet d'antisociété, c'est-à-dire tout projet d'une *autre* société, ou même tout projet d'autre chose que le social s'est évanoui?

Première hypothèse : oui, le socialisme, paradoxalement, arrive au pouvoir quand toutes les énergies de dépassement, les énergies sociales de rupture, les énergies culturelles alternatives se sont plus ou moins épuisées – et il porte les stigmates de cet épuisement, et il en profite. S'il s'installe sans coup férir, ce n'est pas tant qu'il a vaincu la droite, c'est que tout l'espace a été balayé devant lui par le reflux des forces vives. Le dernier grand sursaut d'antisociété, Mai 68, a retardé son avènement de dix ans. Tant qu'il est resté un ferment minimal d'insubordination, de fronde, de refus, d'ironie ou de désaffection, d'exigence radicale (même fantasmagorique) – pas de socialisme. Ce n'est pas la droite, transparente, bornée et poussiéreuse, qui fait vraiment échec à ce que la gauche « passe », comme on dit (elle est passée en effet), c'est cet autre malin génie, plus radical et plus têtu, qui a fini par s'éteindre dans les années soixante-dix. (C'est pourquoi le socialisme, la forme réconciliée du social, apparaît bien plus tôt dans les pays libéraux et protestants du Nord comme le régime normal, le régime de gestion et de croisière d'une société moderne, bien plus que dans les pays latins où la forme esthétique, culturelle, ironique, où le projet de subversion, de révolte et de jeu est resté plus vivant – l'Italie reste le meilleur exemple de ce socialisme « retardé ».)

Enfin, après tous ces ratés, ces lapsus, ces retards dus à une histoire encore trop violente, encore trop vivante, le socialisme nous arrive, porté par les événements (par la fin des « événements »), dans la France réconciliée avec son histoire (avec la fin de son histoire), non comme ouverture politique d'une ère nouvelle, mais comme morale, c'est-à-dire comme nouvel état des mœurs de la France profonde, et comme absolution rétrospective de toute notre histoire.

Les révolutions écrasées, les sursauts institutionnels, mais aussi les éclipses qu'a fait subir à la France profonde une droite réactionnaire acharnée à détourner le cours de l'histoire, tout cela est résolu, absous, soldé et acquitté par le happy end du 10 mai. Rien de cela n'a été inutile, certes, puisque cela nous a enfin menés là. Tout vient à point à qui sait attendre.

Et c'est bien là la tare du socialisme : il se donne pour récompense à tous ceux qui ont su attendre,

attendre que soit mûr le fruit de l'histoire (hélas, les fruits ne tombent que lorsqu'ils sont trop mûrs). Du coup le socialisme actuel porte tous les stigmates de l'attente, du temps perdu, du ravalement, du lifting d'une histoire qui aurait dû avoir lieu en son temps (1956? 1946? 1936?). Nationalisations, peine de mort, école libre... vieilles lunes d'une vieille gauche qui a longtemps ramé dans l'échec et s'est couverte comme une baleine de toutes les algues des vieilles traversées.

Mais il y a autre chose, et ceci rejoint la première hypothèse. Non seulement le socialisme met fin au mythe violent du social et à toute tension historique, mais il consacre la rémission de toutes les énergies ou de toutes les visions du monde autres que le social. Toute autre destin collectif que celui d'une vague morale de participation et de partage des biens acquis, d'animation et de solidarité, disparaît. Le social dans son acception la plus faible devient l'idéologie définitive de la société. Rien là de quoi soulever les passions.

L'idée d'une part maudite, quelle qu'elle soit, disparaît dans la réconciliation. L'idée d'une esthétique du monde disparaît. L'idée d'un antagonisme, d'une ambiguïté, d'une réversibilité, l'idée d'un arbitraire, d'une ironie, d'une cruauté inéluctable dans l'ordre des choses et dans l'ordre des caractères, l'idée de toute autre passion collective disparaît dans l'équilibre fade et homéostatique du discours sur le changement social. Tout se ramène à l'invention, ou plutôt au ressassement du social, c'est-à-dire non pas de tel ou tel type de société, mais du principe même du social, qui n'est d'ailleurs plus celui du contrat, mais une sorte d'interface, d'interactivité permanente, principe de branchement et de contact : société contactuelle, et non contractuelle. D'où l'inanité de tous les appels aux vertus traditionnelles, dont celle de solidarité, car qu'est-ce que la solidarité dans un système comme celui-là, sinon celle de la contiguïté dans l'espace des réseaux ou l'écho des impulsions médiatiques? Non plus la solidarité qui se fondait dans l'universel sur la délégation d'une part de souveraineté, mais celle qui coagule les gens, dans un milieu saturé, par électricité statique.

Tout le discours socialiste vise à persuader que c'est bien là ce dont nous avons besoin : le lien social, le branchement, le contact, la communication. L'enjeu est fantastique : vidéo, télématique, etc. Le drame, c'est que les gens ne sont pas vraiment persuadés que ce soit ce dont ils ont vraiment besoin, et qu'ils le seront sans doute de moins en moins tout en ayant l'air de l'être de plus en plus (consensus par capillarité).

Tout le discours sur le social est aujourd'hui tournoyant, car il équivaut à dire : la solidarité vous tiendra lieu de tout le reste. Elle est l'effort à faire au départ, et elle est la récompense à l'arrivée. Le bénéfice est tout entier dans le prix payé. Si on y réfléchit bien, le seul bienfait que vous pouvez escompter du social et du prix que vous payez pour cela, c'est justement la socialité, la solidarité et rien d'autre. On dit ça aussi de l'effort : l'effort est sa propre récompense. Mais personne ne fait grand cas de cette sorte de proposition.

Et pourtant il faut que le social soit pleinement réalisé, assumé, intériorisé, réfracté dans le code mental de chacune des molécules de ce corps étrange qu'on appelle société. Voyez ces bergers pyrénéens à qui on fourgue la fibre optique, les relais hertziens, la télé par câble. Ce n'est pas seulement une histoire de marché, l'enjeu est social : il faut faire la preuve du social, de son usage, de sa valeur d'usage pour tous, du besoin que les gens en ont sans le savoir! Ces gens-là croyaient vivre en société, avec leurs voisins, leurs bêtes, leurs histoires? Scandaleuse illusion de sous-développés, des demeurés du sociuis et de l'habitus, solitude barbare où ils étaient tenus, sans pouvoir s'exprimer! Monstrueuse déprivation de toute cette bonne substance de l'information et du social — on les forcera à être informés s'il le faut, informatisés vivants, nouveaux cobayes, nouveaux otages : c'est ça la nouvelle terreur, pas celle de 84 (même si celle d'Orwell n'est pas vraiment exorcisée), mais celle du XXIᵉ siècle. La nouvelle négritude est là, la nouvelle servitude involontaire.

Tout cela procède d'un contresens terrible sur le social lui-même, de la part des socialistes (du reste de la classe politique aussi, mais d'eux tout particulièrement, puisque c'est là leur mot d'ordre et leur stratégie).

Le socialisme n'aime pas les signes et les simulacres, il n'aime que les valeurs. Il se veut profondément moral, et pour lui simulacres et simulation ne peuvent être que ceux d'une période antérieure, que la vérité historique du socialisme vient effacer.

Toutes les révolutions, même ratées, partagent ce désir de purification des signes, de désimulation et de moralisation des contenus de l'histoire. La tâche historique du socialisme est d'exterminer les simulacres, d'exterminer toute séduction captieuse et de rétablir toutes choses dans l'éclat moral de leur histoire. Il ne peut que se confondre avec la volonté politique de restauration de l'authenticité hypothétique du social. Cela le rend profondément aveugle à toute la réalité actuelle, qui, Dieu merci, est plus subtile et plus perverse. Toutes les hypothèses sur un champ de distorsion des signes, sur le malin génie des signes, sur les effets pervers de l'information, de la signification dans le social aussi, sur l'ambiguïté, fondamentale et pas seulement politicienne, des médias et de la culture, et de bien d'autres choses, lui est insupportable, inconcevable, et cette méconnaissance devient tragique pour lui aussi.

Le signe, pour la morale, est le principe du mal. Et ce qui semble définitivement perdu à l'ère socialiste, c'est l'analytique du signe, la puissance ironique du signe dans les jeux de société. La reconnaissance d'une dimension de l'illusion, de l'ironie, de la perversion (je ne parle pas des individus et de leur « inconscient », je parle de l'illusion, de l'ironie et de la perversion des processus sociaux objectifs) est exclue dans la perspective de l'édification du social. La dénégation de tout cela est totale dans les pays totalitaires, qui visent à l'indivision du sens. Elle nous guette aussi, quoique d'une façon plus bénigne. Seule la communication doit fonctionner, nous devons baigner dans la transparence morale du signal et de la réponse – signe expurgé, unilatéral, stupide au sens où il ne tient pas compte de l'ambiguïté, de l'immoralité des comportements, ce pour quoi les gens n'y répondent pas, ou bien y répondent par une stupidité égale, ce qui n'est pas bon pour le consensus.

Les socialistes feraient bien de se méfier de ce détournement colossal, sous toutes ses formes, du réel par l'information, fatal au politique et au social comme au reste, mais aussi de ce bon vieux principe d'ironie qui continue de travailler en secret. Certes, les vieilles marginalités culturelles, intellectuelles, politiques auront cessé, ou ont déjà cessé d'exister, aspirées par le slogan de l'intelligence au pouvoir. (L'interdit du pouvoir et de la gestion a disparu comme par enchantement pour toute une nouvelle classe politico-intellectuelle, venue pourtant des confins de cet interdit, toute la pensée de gauche, et même le gauchisme, s'est trouvée élastiquement absorbée par la séduction étatique et ministérielle – l'inconscient lui-même n'a vraiment duré que le temps du refoulement de la gauche dans l'opposition, voyez comme la psychanalyse s'est éclipsée de nos écrans – plus généralement la névrose comme la révolution voient finir leurs beaux jours avec le socialisme : l'utopie réalisée ne souffre pas de pathologie litigieuse.)

La culture, la morale officielle seront comme une ventouse monstrueuse, suçant, pompant toute négativité vers une synergie en trompe-l'œil, mais elles n'échapperont pas à l'ironie objective des processus de retournement, de décomposition des énergies au contact du pouvoir, de vanité qui frappe toutes les entreprises de réconciliation.

Rien de pire que la morale de la réconciliation, mais rien non plus qui s'effondre plus vite. C'étaient quelques intellectuels qui étaient en marge, ce sera maintenant tout le système qui sera à côté de ses pompes.

L'autre paradoxe du contresens socialiste est celui-ci : à vouloir forcer le social dans ses retranchements, à vouloir le sommer d'exister, on se condamne à ne pas voir que le social fonctionne principalement sur des effets pervers, dont le moindre n'est pas l'effort individuel et collectif que nous faisons pour lui échapper. Un livre comme celui de François de Closets *(Toujours plus)* fait en quelque sorte le bilan de cet incivisme régulateur, de cet acharnement de tous à préserver leurs fiefs, leurs privilèges corporatistes, à quelque degré que ce soit de la hiérarchie. Son livre est un tableau flagrant de l'échec total du social comme processus démocratique, égalitaire et solidaire. Le livre ne veut pas tirer de conséquences de ce comportement inéluctable, réfractaire à toute bonne volonté politique, à toute volonté « socialiste ». Mais il donne bien à entendre que rien ne pourra changer cet état de choses; mieux : toute réforme ne fait que le renforcer. Un malin génie, venu des confins, de tous les horizons du génie collectif (car tous déploient un véritable génie du détournement de l'État, du parasitage des dispositions légales, de la fraude, de l'irresponsabilité – dans ce domaine-là, et dans celui-là seulement, l'imagination des gens est inépuisable), vient broyer infailliblement toute volonté politique de régulariser le cours des choses.

La classe politique n'a rien appris de la lecture de ce livre (ni de Closets vraiment d'ailleurs). Il faut sauver la raison politique, il faut donc continuer de dénoncer cette immoralité fondamentale comme une dépravation accidentelle des mœurs. Alors que c'est là la règle du jeu cachée – non seulement celle que donnaient jadis le Prince et les grands politiques : travailler et faire travailler le mal, le vice, les intérêts, les passions, compter sur le mal, c'est-à-dire sur l'intelligence du détour secret des choses, et non jamais sur le bien, c'est-à-dire sur leur rectitude – c'est à ce seul prix que le politique existait – mais aussi nous tous aujourd'hui, parce que c'est la seule règle stratégique de la survie – c'est à ce seul prix que le social lui-même peut exister. Cette évidence n'est pas cynique – c'est tout simplement la règle d'un jeu. Nier cette évidence, nier cette règle équivaut tout simplement à une absence totale de sens politique. C'est ce qui hypothèque le projet des socialistes, et c'est ce qui fait l'hypocrisie et la faiblesse de tous leurs discours.

Cette règle du jeu, cette immoralité fondamentale, doit rester cachée – elle fait partie de cette part maudite qu'aucune raison sociale ne pourra jamais capter. Ce n'est qu'à de rares moments qu'une société se donne le spectacle de son immoralité, de même qu'elle ne se donne qu'à de rares occasions le spectacle violent de l'illusion démocratique (la nuit des privilèges). Ce qui résiste au social, c'est que chacun de nous porte en soi le phantasme d'une société secrète, dont le moindre petit privilège devient le signe initiatique. Le privilège, littéralement, c'est d'avoir sa loi propre, sa règle propre, sa souveraineté. C'est presque la même chose, étymologiquement, que l'autonomie, sinon que celle-ci, subrepticement, a pris le sens de : se ranger de soi-même sous la loi. Les gens ne s'y trompent pas. Ils n'ont pas envie profondément de l'autonomie, mais du privilège.

D'autres sociétés ne se cachaient pas de fonctionner ouvertement sur la cruauté et la violence, manifestées dans le sacrifice. La nôtre se refuse à cela. Elle met toute son énergie à se voiler cette évidence. C'est une société divisée, déchirée, malheureuse et hypocrite en ce qu'elle considère comme inacceptables ses propres fondements, ses propres mécanismes de fonctionnement. Je ne dis pas que le socialisme soit responsable de cela, je dis seulement que c'est lui qui se refuse le plus, ou qui est le plus incapable de saisir ces évidences. Il lui faudrait être un peu plus immoral et un peu plus lucide. Au contraire il prétend au discours de la loi et à l'efficacité de la vertu, il prétend à la possibilité du social et de son organisation finale et cohérente (s'il ne prétend plus à la révolution, c'est qu'il se garde de tous les excès – il ne garde que les illusions). Réduire tous les effets pervers, abolir toutes les distorsions, les ambitions, les passions illégales, le jeu, la fraude et la luxure (par luxure j'entends toute dépravation, celle des effets par rapport aux causes, celle des comportements par rapport aux finalités, celle même des mécanismes les mieux réglés par rapport à leur programmation), toutes les défaillances et les conséquences imprévisibles font partie de cette luxure naturelle et du désordre des choses.

Au lieu de cela, il faut que rayonne le social dans son enchaînement lumineux, transparent, contractuel, démocratique. Toute cette anti-organisation individuelle et collective qui est le continent noir du social, tout autant que l'effet de servitude volontaire et de silence des masses, reste énigmatique et incompréhensible pour nos politiciens naïfs, comme pour tous les clercs et les intellectuels de la gauche divine, qui l'imputeront à quelque mauvaise nature ou à quelque mauvaise volonté – il faut arracher cela, arracher les peuples à leur malin génie pour les rendre à leur *bonne* volonté, à leur *bon* désir, et le social à son *bon* fonctionnement.

Le socialisme est la consécration de cet idéal d'une naïveté dramatique. Cette idéalité malheureuse de l'homme au pouvoir, mélange de terreur et de vertu, Mitterrand l'incarne merveilleusement (sinon qu'aujourd'hui la vertu ne s'arme même plus de terreur, ce qui lui ôte pas mal de sa grandeur, elle s'arme au contraire d'affectation, elle se donne une effigie ténébreuse et pathétique, incarnant le sublime crispé de la volonté nationale). Un pâle sourire inexact, l'incorruptible front lifté vers les hauteurs, sans éclat mais sans faiblesse. De l'image, toujours de l'image.

Mais, au fond, c'est la classe politique qui est perverse dans sa moralité prétentieuse et mélancolique. Le cours des choses, lui, reste pour l'essentiel d'une immoralité heureuse et d'une grande indifférence politique. Silence et servitude ? Pas du tout.

Ceux qui se taisent en savent plus long sur l'ordre ou
le désordre ironique des choses. Seule la classe
politique est enfermée dans ce paradoxe malheureux, dans cet enchaînement fatal entre une raison et
une législation qui cherchent à universaliser le social
au nom de son Idée et l'échec toujours plus flagrant
de cette entreprise : la disparition de l'idée même du
social à l'horizon de tous les discours, la disparition
de l'idée d'histoire à l'horizon de l'information, la
disparition de l'idée de souveraineté à l'horizon du
« changement social ». Les autres vivent dans un
paradoxe heureux : car cette ruse secrète, cette
complicité ironique et silencieuse, c'est elle qui
constitue la véritable organicité du lien social, en
même temps (et c'est là le miracle) qu'elle en est la
dérision colossale.

3

Septembre 1984

L'euphorie sous perfusion

Septembre 1984

L'euphorie sous perfusion

> « Le nouveau pessimisme résulte du fait que les choses vont de mieux en mieux. »

J'avais fait, contre toute vraisemblance, le pari que la gauche n'arriverait pas au pouvoir, mieux : ne voulait pas du pouvoir. Pari fondé sur la stratégie négative du parti communiste, celle du coma de la gauche à l'ombre propice de la droite. La gauche est enfin venue au pouvoir en 1981, en dépit du P.C. qui ne s'est rallié à l'opération que pour la compromettre et en hâter la fin, mais surtout grâce à l'effondrement du P.C. Maintenant qu'elle y est, et malgré tous les signes contraires, je ferai, contre toute évidence encore, l'hypothèse qu'elle va y rester... Une surprise! Mais que peut-il y avoir d'intéressant aujourd'hui sinon la surprise? Et s'il est vrai qu'en termes de représentativité la gauche est aujourd'hui balayée, il n'est pas sûr qu'elle ne garde pas toutes ses chances dans la seule tâche qui reste celle de la classe politique : gérer la fin de la représentation.

Il est passionnant de savoir si la gauche, par exemple, peut se maintenir par pure et simple inertie, non parce qu'elle retrouverait quelque crédit politique ou symbolique, mais parce qu'elle se trouverait être la meilleure gestionnaire de la crise de l'imagination politique : elle récolterait les fruits d'une situation où enfin toute imagination d'une différence réelle entre la droite et la gauche aurait disparu des esprits. Ce qui fut vrai pour les esprits de Mai 68 est aujourd'hui vrai confusément pour tous. Et c'est cette indifférence profonde – l'usure définitive de la représentation (dans tous les sens du terme d'ailleurs : la représentation théâtrale est morte elle aussi, de même que le principe de toute représentation philosophique de l'objet) –, c'est cette indifférence de base qui rend l'échéance électorale aléatoire. Collectivement, une consultation électorale n'est plus un acte d'opinion. C'est bien pourquoi il y en a de plus en plus. C'est une forme de jeu et de curiosité spectaculaire. « Étonnez-vous en votant à gauche ! » « La droite prétend être là pour vingt ans – payez-vous la gauche ! » (c'est ce qui s'est passé en 81) et pourquoi pas : « La gauche a tout raté – qu'elle reste au pouvoir ! » (86/88 ?)

Comme le comte de Valmont voulait, en surprenant Cécile dans son lit, et sans aucune disposition amoureuse, vérifier le pur effet de la surprise, j'aimerais vérifier, dans cette autre « liaison dangereuse » qui est celle de la gauche avec le pouvoir, le pur effet de l'inertie en politique. Celle-ci jouait historiquement plutôt pour la droite, mais il n'est pas sûr que le jeu ne se retourne pas dès lors que

L'euphorie sous perfusion   109

l'histoire n'y est plus. La gauche était appelée à mobiliser les énergies et la droite à tirer les marrons du feu. Mais s'il n'y a plus de marrons à tirer du feu, si la crise est définitive, non seulement la crise économique (celle-ci est déjà une sorte d'assurance-vie pour la gauche – plus ça ira mal, plus elle assumera ses responsabilités) mais aussi la crise politique, la crise d'indifférence, alors la gauche a bien des chances d'être *condamnée* à rester au pouvoir pour gérer cette crise permanente.

Dans ce sens, l'inertie est payante pour elle, comme la surprise pour Valmont. Contrairement à ses principes de mobilisation sociale et morale (mais a-t-elle encore conscience de ses propres principes?), sa seule chance est dans la *routine* de la crise, la routine d'un social toujours menacé mais peu mouvementé, où la droite n'arrive pas à se constituer en opposition, car seule la gauche a vocation à l'opposition et la droite n'y est qu'une gauche contrariée. Bref, en termes de stratégie, et non d'idéologie, la gauche n'a pas intérêt à ressusciter les passions ni l'esprit public (quand elle l'a fait, depuis 81, appelant à la parole, à la participation, elle s'est heurtée au silence et elle a tout perdu), elle a intérêt à devenir cynique (enfin!), à évaluer lucidement cette situation d'inertie et à la gérer comme telle pour son plus grand profit. C'est un peu ce qu'elle fait, mais hypocritement et sans le savoir. Et elle aura la divine surprise de se voir confirmée au pouvoir par l'indifférence populaire.

C'est un maigre idéal. Mais aucune classe, ou fraction de la classe politique, ne peut compter

aujourd'hui sur la *volonté* populaire. Nos représentants, quels qu'ils soient, sont dans une situation
complètement fausse : ils sont là à la fois pour
représenter cette volonté et pour cacher qu'ils ne
représentent rien. Cette dernière tâche est paradoxalement plus épuisante que l'autre, d'autant qu'ils doivent se cacher *à eux-mêmes* qu'ils ne représentent rien.

Bien des choses ont changé. Il n'y a plus d'enfant
destiné à obéir, il n'y a plus de femme destinée à être
possédée, il n'y a plus, dans la science, d'objet destiné
à être analysé, de même il n'y a plus de masse ou de
peuple destiné à être représenté. On peut discuter à
l'infini sur les bénéfices du système de la représentation, et en particulier du système électoral. Ce fut
pour la démocratie une péripétie lourde de conséquences que de passer de la présence à la représentation. La démocratie grecque ne fonctionne pas à la
représentation, mais à la présence, rivale, antagoniste, non égalitaire, de tous les citoyens. Nos systèmes
modernes, eux, déshabituent les citoyens de leur
présence au profit de leur représentation. Cette
forme a sans doute donné historiquement leur
impulsion aux démocraties bourgeoises, mais il est
bien possible qu'elles en meurent aujourd'hui. La
professionnalisation des classes politiques a renversé
le processus démocratique. Ou plutôt le même
brouillage des déterminations est intervenu entre
représentants et représentés que dans tous les grands
systèmes à deux pôles qui fonctionnaient si bien

avant : voyez la pédagogie, voyez le savoir, voyez les relations de pouvoir, les relations parentales, etc. – nul ne peut plus dire que la souveraineté transite de la base vers le sommet, pas plus que la parole ou le sens ne partent d'un point pour être décodés à l'arrivée. Il y a brouillage des distances respectives, abolition des pôles respectifs qui permettaient le fonctionnement d'un espace de la représentation, qui laissaient place à une *scène* de l'action et de la représentation politique. Cela est perdu *et tout le monde le sait,* car ce n'est pas une question d'idéologie ni de philosophie morale : c'est l'accélération des flux qui a brûlé les circuits, là comme ailleurs – et aucune crédibilité politique ne relie plus la masse des citoyens à leurs « représentants », pas plus qu'aucune crédibilité statistique ne relie l'opinion des gens à son apparition dans les sondages. Mieux : les gens n'ont littéralement plus l'opinion, comme ils n'ont littéralement plus de volonté politique – elles sont devenues aléatoires, et ne font plus que répondre à la sollicitation et au mouvement artificiel des sondages et des consultations électorales, devenues innombrables et permanents par la force des choses, celle de forcer l'aléatoire à signifier quand même quelque chose. « La formule politique de base de toutes ces variations obéit désormais à une chimie trop instable pour se fixer autrement que le temps éphémère de déposer de temps à autre un bulletin de vote, opération du reste beaucoup plus mystérieuse, beaucoup moins rationnelle qu'on veut bien le faire croire. » (Michel Kajman, *le Monde,* 23 août 1984.) A la limite, ces épisodes consultatifs seraient comme les flashs publicitaires ponctuant, comme à la télévision, le film de la vie quotidienne. Ce n'est plus une machine de représentation, c'est une machine de simulation. Non pas de manipulation : il ne faut pas croire que le citoyen soit désarmé devant les pouvoirs, aliéné par les médias, dépossédé de sa volonté – ça, c'est la vieille analyse que le pouvoir lui-même cultive pour entretenir la fiction de l'aliénation politique (il aimerait bien croire à son monopole sur les médias, l'information et les consciences). Simplement, les gens sont en simulation de citoyenneté, et le pouvoir, lui, est en simulation de pouvoir. Ainsi, ça peut continuer éternellement.

La classe politique n'a virtuellement plus de spécificité. Son élément n'est plus celui de la décision et de l'action, c'est celui du vidéogame. L'essentiel n'est plus d'être représentatif, c'est d'être branché. Les « hommes politiques » s'y essaient désespérément : leur intervention se résume de plus en plus à un calcul d'effets spéciaux, d'ambiance et de performance. Leur idéologie même n'en appelle pas à nos convictions profondes : elle nous branche ou ne nous branche pas. Par là bien sûr ils perdent leur aura proprement politique et peuvent être éventuellement relayés, dans l'imaginaire médiatique des foules, par des hommes du show-biz ou du sport, c'est-à-dire par des vrais professionnels, des gens plus professionnalisés qu'eux dans la performance et dont la technicité est plus avancée que la leur. Cette règle n'exclut pas les savants et les chercheurs, dont on peut imaginer qu'ils deviennent les vedettes d'un discours public, pour peu qu'il soit performatif, c'est-à-dire que leur qualité d'experts puisse tenir lieu de performance.

La sphère du politique est instable en tant que telle. L'exercice du pouvoir n'est jamais vraiment légitime. De tout temps, on a rêvé d'une république non politique, d'une république des lettres, des philosophes, des savants. Ce dont on rêvait à travers ces utopies, c'était d'une forme de pouvoir moins professionnelle, plus libre, plus « philosophique » que celle des hommes politiques traditionnels. Tandis que ce qu'on voit se substituer aujourd'hui à la classe politique, ce sont des hyperprofessionnels plus performatifs encore, journalistes ou hommes de spectacle, à qui leur crédit de spécialistes, d'experts, de champions ou de vedettes accorde presque automatiquement une voix dans les affaires publiques.

Yves Montand : l'autre scène vient au secours de la scène politique défaillante. Mais ne nous faisons pas d'illusions : ce n'est pas le chantre lyrique de la France profonde, ce n'est pas le « parler franc » de l'homme simple qui nous touchent, c'est l'efficacité d'un « pro », c'est l'adéquation d'un véritable pro à un médium professionnel. Les socialistes ne sont pas des professionnels (ni de l'économie, ni du politique), ce sont des confessionnels, qui n'ont à offrir sur scène que le pathétique sentimental de la bonne foi et de l'échec. Il y a donc place pour un autre type de performance, venue d'ailleurs. Ainsi les journalistes aussi ont tendance à envahir la scène politique avec succès, voire la scène littéraire et philosophique. Il n'y a pas de doute qu'Yves Montand-Christine

Ockrent serait le meilleur « ticket » d'une future
république non politicienne. Le cas de Reagan est
exemplaire : c'est un acteur professionnel qui a mis
fin, avec succès, à l'ère politique des Kennedy en
même temps qu'au traitement proprement politique
des affaires. Mais Jean-Paul II est un aussi bel
exemple : professionnel des médias, du look évangé-
lique et de la turboprédication, il a complètement
bouleversé la scène apostolique – ailleurs on peut
voir, dans les pays de l'Est, des sportifs émérites
promus dans la hiérarchie militaire ou politique au
seul titre de leurs exploits, ou bien encore un
cosmonaute briguer la présidence des États-Unis.
Nous allons peut-être vers la république des croo-
ners, des speakers, des sprinters, des animateurs.
Pourquoi pas? A Rome, on avait bien couronné un
cheval empereur.

Effectivement, c'est plus joyeux comme ça, on
échappe au moins à l'ennui, au philistinisme sempi-
ternel de nos dirigeants. N'est-il pas plus drôle de
voir sourire Reagan sans complexes que de voir
Mitterrand sourire sous perfusion? A l'indifférence
des peuples correspond le sourire du chef. Et, au
fond, si notre société est une société de simulation, ne
vaut-il pas mieux que ses dirigeants soient de grands
simulateurs, des professionnels de la simulation?
Reagan est certainement le représentant parfait de
l'Amérique (qui en cela est une démocratie absolue),
il représente la promotion définitive du slogan
publicitaire (« Vous êtes les meilleurs ») au niveau
politique, la revanche du spectaculaire et du publicitaire sur le politique, et donc aussi la revanche du
peuple sur la classe politique. Si vous n'aimez pas ça,

tant pis pour vous. L'ère est au sourire des mutants professionnels et à leur optimisme autorégénérateur. Si vous trouvez que le sourire de Reagan a quand même quelque chose de sépulcral et rien à envier à l'impérieuse mélancolie des vieillards de l'Est, qui sont, eux, des mutants de la bureaucratie, tant pis pour vous. Mais que Reagan soit une représentation parfaite lui ôte justement toute qualité politique, il n'y a plus aucune dimension politique dans une société qui se confond avec sa vérité incarnée : elle est perdue, c'est l'euphorie sénile qui commence. Le politique consiste précisément à se démarquer de cette identification béate, de cette confusion morbide d'un peuple avec le sourire du chef, qui en d'autres temps prit la figure d'une identification fanatique avec le rictus meurtrier du leader. Le politique doit séparer, distancer, et il y a un grand danger à confondre le statut politique avec le charisme cinématographique.

Le vent a tourné, puisque nous voyons dans l'irruption d'un Montand quelque chose de neuf. Mais il n'est pas sûr que nous sachions aussi bien jouer le jeu de cette politique-spectacle que le font les Américains depuis toujours avec candeur, dans un pays voué à la confusion des races et des genres. Il y a chez eux un grand naturel et un certain humour dans cette corruption de la scène, qui répugne à notre morale vertueuse. La simplification par le succès n'est pas encore devenue la règle pour nous. Mais il faut nous y faire : non seulement la scène politique, mais la scène intellectuelle seront sous peu dominées par le professionnalisme à outrance. C'est là le nouvel esprit public. Il reste absolument incertain de savoir s'il s'agit là d'un progrès salubre de la démocratie ou d'une dégradation irréversible des mœurs. Qu'en est-il de cette « sportivité » nouvelle de la vie politique, qui la rapproche en effet de la compétition publicitaire, et où l'aléa des sondages joue comme les « aléas du sport »?

Dans un monde indistinct, rendu indistinct par l'effacement de la représentation, il n'y a plus, en politique comme en culture, que des effets tourbillonnesques (comme dans un univers de particules), des flashs, des effets spéciaux, des polarisations soudaines, semblables aux effets de mode, des engouements qui n'expriment qu'un imaginaire de masse désœuvré, un miroir où la masse contemple sa puissance indifférente, qui est de faire basculer l'histoire *dans n'importe quel sens* − revanche de toute cette longue période où on a voulu l'incliner dans tel ou tel sens.

Hypothèse : la gauche reste. D'une part, parce qu'il n'y a plus de parti communiste capable de l'en empêcher, comme il a longtemps réussi à l'empêcher d'arriver au pouvoir. Cependant l'hypothèse n'est pas exclue d'un P.C. rejouant le parti de la droite, pour échapper à la déliquescence totale − tout ce qui s'est passé montre combien le P.C. avait raison de s'opposer de toutes ses forces à un gouvernement de gauche.

D'autre part, parce qu'il y aurait une affinité

certaine (mais, il faudrait la mesurer) entre une gauche idéologiquement défunte et une société politiquement indifférente, entre une gauche transparente et une société sans secret, entre la résignation par la gauche de tout objectif historique et la résignation, par la société civile, de toute volonté politique. Mais ne pourrait-on pas en dire autant de la droite? Certes, mais l'inexistence idéologique de la droite est de trop longue date, la droite a toujours été une force d'inertie, alors que la gauche est une force historique repentie, ce qui la qualifie mieux pour la gestion des nouvelles affaires. Elle aura à cœur de faire oublier son passé, comme tous les repentis, et de faire preuve de ses capacités. La droite, inversement, va se mettre en quête de nouvelles « idées », et c'est un mauvais signe pour elle, une droite qui aurait des idées perdrait sa légitimité.

L'opposition, dans un système où on ne renverse plus les pouvoirs, où la négativité n'a plus de sens, est débilitante. La gauche s'y est complètement anémiée pendant des dizaines d'années, et la droite est en train de faire la même expérience. Elle devient lentement perdante. Elle prend de fâcheux réflexes de contredépendance, de récrimination, de misérabilisme politique – pire : elle prétend de nouveau représenter la France, ce qui aujourd'hui est une faiblesse, que la gauche partage d'ailleurs largement, mais dont elle commence, par la force des choses, à se détacher : Mitterrand opère de mieux en mieux hors de toute représentativité, contre les sondages, en prenant le parti de ne pas s'en soucier, sa liberté d'action en est multipliée, on l'a vu à l'occasion du référendum, jouer avec les signes constitutionnels, bousculer les échéances, faire *jouer* les rouages et la machine, au lieu de perdre son temps à se justifier d'être au pouvoir, et du coup gagner pour la première fois sur une droite qui affiche pourtant une supériorité statistique évidente. Cette droite est, s'il est possible, encore plus mal à l'aise dans l'opposition que la gauche au pouvoir. Elle se désintègre à vue d'œil, et ce n'est pas une des moindres raisons d'un succès possible de la gauche en 86 (quelle que soit la façon dont ça se passe) : si elle arrive à maintenir la droite assez longtemps dans l'opposition, l'inertie se renversera et jouera pour elle.

Des phénomènes comme Le Pen ou le rassemblement pour l'école libre sont plutôt défavorables à la droite. Ou plutôt ils témoignent de la déliquescence respective de la gauche et de la droite. Aucune des deux ne les contrôle. Le Pen n'est pas pour autant un mouvement fasciste. Rien ne sert de se faire peur. Le temps est loin où la démocratie libérale était la ménopause des sociétés occidentales, la Grande Ménopause du corps social, et le fascisme son démon de midi. Les démocraties sont entrées définitivement dans une forme sénile d'hystérie du troisième âge, elles n'ont plus assez d'énergie pour susciter un ennemi interne puissant, comme l'était le fascisme mythique, puissamment idéologisé, avec une volonté millénaire de transpolitiser le peuple par la race et le sang. Le Pen n'est qu'un eczéma ou une volaille écorchée, qui témoigne, beaucoup plus que de sa force propre, de la faiblesse intrinsèque de tous les systèmes politiques actuels — et cette faiblesse est

celle caractéristique de notre époque : c'est la perte
des défenses immunitaires. Justement parce que le
système représentatif est extrêmement faible, et le
social extrêmement fragile dans ses structures
comme un corps surprotégé, n'importe quelle
excroissance cancéreuse peut surgir à n'importe quel
confin de ce corps social, vulnérable à n'importe quel
virus dès lors que toutes ses fonctions ont été
dévolues à des organismes artificiels. Voyez comme il
est partout question du social dans les médias, dans
la presse, dans les discours : ce n'est plus une
ambition, un rêve, une utopie, une lutte, c'est un
homme définitivement malade, sous perfusion continuelle. Si on l'oublie un instant, si on ne l'alimente
plus artificiellement, il cesse de vivre. L'acharnement
thérapeutique, voilà la seule idéologie actuelle. C'est
ce que les socialistes pratiquent sur le social, ce que
les écologistes pratiquent sur la nature, ce que nous
pratiquons tous sur une foule d'idéologies défuntes.
La survie au nom du refus de voir la technologie
s'incliner devant la mort. Le socialisme non comme
mouvement naturel ou contradictoire du social, mais
de par le seul refus de voir le social nous échapper.
Toutes les sollicitations artificielles de l'information
au nom du refus de voir le temps et l'événement nous
échapper – excès de mémoire artificielle par refus de
l'oubli, mais, bien sûr, si toute l'information est
disponible, c'est la fin de l'histoire elle-même. Nous
cultivons le coma dépassé. Nous adorons les greffes
artificielles. Nous délirons sur les prothèses. Partout
l'acharnement de la vie correspond au décharnement
des figures originelles de la vie, à la désincarnation

des corps, à la réincarnation thérapeutique d'un univers mort, d'un temps révolu.

Nous avons oublié qu'il faut laisser sa chance au temps mort, qu'il y a une vertu du temps mort, et qu'il faut la respecter. Ceci vaut pour le présent, qu'il ne faut pas vouloir déranger à tout prix dans sa déliquescence mélancolique. Même et surtout en politique, l'acharnement thérapeutique est la pire des choses.

Comme tout ce qui touche à sa fin, le social finit par prendre des acceptions parfaitement contradictoires, dont le socialisme se fait le fidèle reflet. La dernière convulsion en date, celle qui promet de devenir l'illumination sociale des années quatre-vingt, c'est celle d'une nouvelle socialité flexible, informatique, autonomisée et non plus automatisée, associative, participative, ingénieuse jusqu'en ses moindres molécules, régénérée par la libre entreprise, lumineuse, aventureuse – une socialité vive, avec des idées, des capitaux, résolument moderne et optimiste, décentralisée (mais pas centrifuge, on s'y éclate dans le local), une société de cadres narcissiques et efficaces, joyeusement connectés avec leur terminal et leur micro-ordinateur – une société livrée à la parabole mystique de l'efficacité et de la publicité, enfin délivrée de l'emprise œdipienne, protectrice et répressive, de l'État, en même temps que de toutes les idéologies qui ont fait depuis deux siècles la grandeur et la décadence du social. On s'aperçoit un peu tard que le social était en effet une colonisation de la société, un protectorat où commencent à pourrir les énergies, et qu'il faut s'arracher au social et aux conquêtes sociales pour relancer... relancer quoi? Une nouvelle socialité de l'interface, de l'interactivité et du dynamisme permanent, une actualisation sans lendemain de toutes les potentialités, une communication incessante d'informations inutiles, de réseaux démultipliés, une société enfin livrée à sa propre énergie et se défoulant dans l'initiative, mais où l'académisme branché des jeunes loups qui se recyclent tous les jours vaut bien l'académisme glacial des vieux politiciens. Sans compter ces déphasés, ces recentrés, qui finissent par ressembler à leurs modèles, et dont on ne sait ce qu'il faut admirer davantage, de leur candeur sociale ou de la candeur sociologique des promoteurs de modèles.

Devant cette socialité microprocessive, euphorique et fulgurante, nous sommes fatigués d'avance et perplexes.

S'il faut renoncer aux grands ensembles technobureaucratiques, faut-il pour autant se livrer au dynamisme moléculaire, qui évoque irrésistiblement le mouvement brownien des particules affolées? S'il faut renoncer à se socialiser, faut-il pour autant se vouer au pluriel, au local, au software dont l'hymne retentit aujourd'hui jusque dans les chaumières? D'autant que tout cela ressemble fort à une démultiplication au niveau individuel ou groupal des mêmes objectifs et des mêmes données qui furent ceux de la Raison sociale et étatique antérieure:

ceux du programme, de l'entreprise, de l'investissement et de la réussite. Simplement on vous dit : soyez
à vous-même votre propre entreprise, soyez à vous-
même votre propre réseau, soyez à vous-même votre
propre objectif. Créez votre propre emploi. Et l'immense tautologie qui affectait toute une société et qui
consistait comme pour le baron de Münchhausen à
sortir de l'eau en se tirant lui-même par les cheveux,
c'est-à-dire à se vouer, à travers l'entreprise universelle de production et de surproduction, à une
finalité dérisoire et sans fin, cette tautologie ne fait
aujourd'hui que se démultiplier au niveau individuel
sans que les postulats en aient changé. Entreprendre
pour entreprendre, réussir pour réussir, investir
pour investir, exister pour exister. La productivité,
la prospective, de sociales qu'elles étaient se font
virales (en particulier par l'informatique). Plus
qu'une mutation, il s'agit là d'une dissémination en
profondeur, d'une dissémination interstitielle des
mêmes contraintes intériorisées.

Faut-il s'en étonner? La décolonisation a partout
donné les mêmes résultats. Elle a toujours échoué
(ou réussi, comme on voudra) au sens où elle a
infecté les pays colonisés de toutes les séquelles des
pays colonisateurs, les livrant, sous couleur d'indé-
pendance, à des problèmes d'identité insolubles, de
rattrapage d'une histoire et d'une idéologie qui
n'était pas les leur, et continuant de les exploiter par
le biais de leur propre autonomie, c'est-à-dire substituant au protectorat de force une servitude consen-
tie. Il n'en est pas autrement de la décolonisation
sociale qui s'opère dans nos sociétés avancées :

chacun est invité à s'acculturer rapidement dans une opération hautement sélective de modernisation. On ne divise plus pour régner : on oppose chacun à ses propres responsabilités.

L'histoire moderne dans son ensemble offre le spectacle d'un étrange renversement. Tout commence au XVIIIe siècle avec l'élan humaniste et philosophique des Lumières, avec la volonté de la classe politique et intellectuelle (royale, révolutionnaire ou bourgeoise, peu importe) de socialiser la société, d'arracher les populations féodales à leur mode de vie hétérogène et sauvage pour les acculturer au progrès technique et social, pour suggérer aux masses, de force s'il le fallait, les bienfaits de la modernisation. Par le suffrage universel, par la médecine, par l'école, par la pédagogie et la thérapie mentale ou physique (la clinique ou le sport), par le travail et le capital, tous les pouvoirs sans exception se sont donné pour tâche d'arracher les masses à leur mode de vie aléatoire pour les convertir à la forme rationnelle et protectrice du social. Cela s'est fait au prix de résistances extraordinaires. Nullement séduites par cette mutation, les masses se sont opposées à tout, au travail, à la médecine, à la technique, à la sécurité – contrairement à tous les présupposés de la classe politique, elles n'ont pas voulu cela, en tout cas ce ne sont pas elles qui en ont décidé, et la lutte a été longue pour les convertir – ce fut une lutte *historique*, car l'histoire est, tout autant que celle du

progrès social, celle de la résistance au progrès social.
Le succès de la modernisation n'a d'ailleurs jamais
été que relatif, et si cette lutte continue partout, ce
n'est pas par nostalgie du passé ou inertie congéni-
tale des populations. C'est que rien, absolument rien
ne consacre le progrès comme chose désirable, que
rien jamais ne pourra prouver ni consacrer l'excel-
lence du projet social, qui n'est justement demeuré
que celui d'une certaine classe politique et intellectuelle.

Aujourd'hui les choses se sont inversées. Voilà que
la classe politique (la même, notez-le bien, celle
même qui a réussi la socialisation de la société) veut
entraîner, toujours avec le même désir de faire le
bien (en dehors de son ambition personnelle), les
masses dans une direction diamétralement opposée :
décentrer, déprotéger, délester les structures sociales,
rendre chacun à ses responsabilités et à un mode de
vie aléatoire, à la gestion propre de ses chances, etc.
Et, cette fois, ce sont les masses qui ne veulent plus
lâcher le morceau, qui s'accrochent aux conquêtes du
social, qui résistent à ce dégagement libéral ou
« néolibéral », à la révision de tout ce à quoi on les a
durement acculturées. Rien que de logique là-
dedans. On ne voit pas pourquoi elles obéiraient tout
à coup au décret de la classe politique, certainement
bien inspiré (le protectorat social est une impasse),
mais qui n'est encore qu'un nouveau décret de la
classe politique. Après avoir mis en place le bien-être
des masses sous le protectorat social des Lumières,
après les avoir surprotégées, voilà qu'on veut les
surexposer. Elles qui rêvaient du salariat universel à

l'ombre du social, ou au moins du chômage assuré, voilà qu'il va falloir pour chacun créer son propre emploi. Que vous soyez forcés de travailler, passe encore – mais que vous soyez forcés de trouver vous-même le mode d'emploi de votre existence, c'est un comble! Bref les masses ne sont pas plus convaincues par ce nouveau tour des choses qu'elles l'ont été par le tour antérieur. Après leur avoir imposé pendant si longtemps le droit à la représentation et à déléguer leur pouvoir, voilà qu'on leur dit : vous êtes votre propre représentant, décidez pour vous-même, prenez en main votre propre destin! Pas question!

Ce que ne comprennent pas les politiques, socialistes ou autres, c'est qu'une masse ou un individu peuvent s'opposer à la liberté, ou au libéralisme, avec la même force, la même véhémence qu'ils s'opposeraient à l'oppression – parce que l'essentiel, c'est le refus de ce que les autres pensent pour vous, élaborent pour vous, mijotent pour votre bonheur. Il n'y a jamais de valeur absolue en politique : la classe politique, celle qui fait l'histoire, représente peut-être le progrès « objectif » en termes de liberté, de bonheur, d'intelligence, il n'empêche que la résistance des masses (de chacun de nous) a une égale valeur historique, ce n'est pas un antiprogrès, c'est un défi de puissance à puissance, et ce défi peut jouer sur des contenus inversés (socialisation ou désocialisation), les contenus n'ont au fond pas d'importance – l'enjeu essentiel, c'est cette tension et cet antagonisme toujours ressuscités. Le centre de gravité de l'histoire ne réside ni dans les péripéties intrinsèques de la classe politique (dans laquelle il faut compter

ces professionnels du discours et des Lumières que
sont les intellectuels), ni dans le paganisme des
masses à jamais, semble-t-il, imperméables aux
Lumières, l'intensité est dans ce duel insoluble. C'est
pourquoi l'histoire ne peut pas avoir de fin – ou bien
alors, si on la considère dans la perspective d'un
déroulement universel, elle n'a tout simplement
jamais commencé.

Si nous étions lucides, nous préférerions cet
affrontement entre puissance de mobilisation et puissance égale de neutralisation, cette lutte bien plus
étonnante qu'une lutte de classes, à la réalisation
même des plus belles idées. Toute idée réalisée, toute
utopie réalisée devient effrayante et banale, et il faut
se méfier de toutes les classes politiques, même et
surtout les mieux intentionnées, depuis qu'elles se
sont mis en tête de vaincre la matière (l'inertie, la
« servitude volontaire des peuples ») et de matérialiser une idée (celle de leur bonheur). C'est dans ce
sens que je dis qu'elles manquent d'immoralité, de
cette vérité cynique et minimale qu'une idée ne doit
jamais, à aucun prix, se matérialiser. Adorno dit :
« Toute extase préfère finalement la voie de la
renonciation plutôt que de pécher contre son propre
concept en se réalisant » *(Minima Moralia)*. Ne
peut-on admettre que cela est vrai aussi du social –
une sorte de complicité collective mettant toute son
énergie à faire échec à la *réalisation* du social de peur
d'en altérer le concept et d'en détruire à jamais
l'espérance ? Il faut donc en définitive se féliciter de
cette passivité, de cette inertie, de cet aveuglement
qui fait échec sournoisement, ironiquement, triom-

phalement, aux entreprises des belles âmes au pouvoir et aux paradis sur terre.

Échec à la représentation. On a pu croire un moment (c'était encore une illusion gauchiste) qu'il allait se traduire par une abstention généralisée – c'est-à-dire par une apothéose de l'indifférence *critique*, qui aurait mis fin au système électoral. Mais les voies de l'indifférence sont plus subtiles. L'échec à la représentation s'opère par un *excès* de consultation électorale, qui provient en partie de la démagogie gouvernementale, mais en partie seulement. Le plus remarquable, c'est la surenchère de la demande électorale : les gens veulent voter, ils votent de plus en plus souvent, et ils aimeraient voter encore davantage. Tous les jours. Ça ne veut pas dire qu'ils aient une opinion ni qu'ils croient à la signification de leur vote, bien au contraire, ça signifie une exigence ubuesque de boulimie électorale – une façon de digérer le système de la représentation sur un mode boulimique et excrémentiel, une façon de s'en tirer par excès – non par rejet mais par indigestion – et de transformer tout le système en une grande gidouille.

Les sondages ne sont qu'apparemment un instrument de manipulation de la classe politique. En réalité, ils répondent à cette exacerbation de la demande de consultation (vous nous avez donné la représentation, nous en voulons toujours plus!). La représentativité, la légitimité meurent de cette con-

sultation incessante, mais ça fait les délices du
peuple, qui après avoir eu longtemps du système
consultatif (et de bien d'autres) une expérience
aliénée, dont il était le cobaye, en fait aujourd'hui
une expérience perverse, dont il est le voyeur. Les
sondages ont tué les élections, puisque celles-ci n'en
sont plus qu'un cas particulier. Ils sont donc un
instrument de l'immoralité spectaculaire du politique. Ils sont le plus beau spectacle de la versatilité
des opinions et de leur existence. Ils sont une mise en
scène parfaite de la dérision de l'opinion et du
système représentatif, au point que la classe politique commence pudiquement à s'en détacher, mais il
est trop tard : les sondages ont fait, par usage et abus
de la simulation d'opinion, table rase de la crédibilité
des élections elles-mêmes. Leur effet viral est catas-
trophique (leur manipulation par telle ou telle force
politique est sans importance). Les jeux de représentation sont devenus des jeux de vertige. Ainsi on voit
une émission de télévision *(Face à vous)* faire un
sondage sur un résultat de sondages : « Écrivez-nous
pour nous dire si ces résultats vous plaisent et vous
semblent convaincants. » Subtilité, stupidité ? Les
deux. A l'image de ces sondages en deux temps où
une majorité se prononce d'abord pour un candidat
et émet aussitôt l'opinion, tout aussi majoritaire et
spontanée, qu'il sera battu. C'est comme si l'opinion
sollicitée intégrait d'elle-même l'effet pervers de la
statistique et anticipait sur l'ambiguïté de tous les
résultats. L'opération même du social est dans cette
continuelle ligne de fuite et versatilité des opinions,
cette inconsistance structurelle dont les politiciens se

détournent parce qu'elle condamne leur prétention à représenter quoi que ce soit. Mais comment refléter l'âme versatile du peuple ?

Bel exemple récent de cette tragi-comédie électorale : la proposition par Mitterrand d'un référendum sur le référendum. Et on sonde immédiatement les gens pour savoir s'ils y sont favorables. Et ils le sont, à 75 ou 80 %. Pourquoi pas ? A ce point, c'est merveilleux : la classe politique et les masses sont, pour une fois, parfaitement complices pour faire de la machine électorale, et de tout le système de représentation, une machine folle et célibataire.

Vivrons-nous longtemps à l'ombre de cette machine célibataire ? Ce n'est pas sûr. L'avantage d'un régime socialiste, ce fut de susciter des événements ambigus, indéfinissables, qui ne relèvent pas de l'opposition pure et simple, c'est-à-dire d'une opposition à la gauche, mais d'une indifférence à la distinction politique de la gauche et de la droite. Quand le régime est de droite, l'opposition est claire, elle est de gauche, et tout ce qui se passe d'intéressant se passe à gauche. Tandis que sous un régime de gauche, l'opposition est sans existence réelle. Et du coup, ce qui se passe d'intéressant ne se passe pas à droite, mais *ailleurs*. C'est en quoi au moins il y a un progrès objectif dans le passage d'un régime de droite à un régime de gauche : l'hypothèque est levée, et si la fonction critique, y compris la critique radicale et révolutionnaire, se meurt, par contre il peut s'y produire des événements *ambigus* – des événements *nés de l'indifférence,* et non plus de la révolte ou de la contestation, des événements nés de la nécessité de parler alors même qu'on n'a rien à dire. Telle fut la manifestation pour l'école libre, tel est certainement l'effet Le Pen : aucune idéologie véritable derrière tout cela (même les droits de l'homme, les « libertés » sont vraiment le degré zéro de l'idéologie), aucune conséquence politique véritable. En d'autres temps, un ou deux millions de personnes dans les rues de Paris auraient secoué le monde politique : c'était l'effectif d'une révolution. Pas du tout : ce n'étaient que les pèlerins d'une grande fête de patronage, et sans que personne ait vraiment frémi, la question s'est volatilisée deux mois plus tard par un tour de passe-passe ministériel. Voilà un événement considérable, et qui n'est pourtant qu'un événement mou, un événement gentil. Nous sommes à l'ère des gentils événements, comme le fut sans doute déjà l'avènement de notre socialisme, comparé à son propre modèle historique. Événements nés de l'indifférence, de la seule volonté de changement, comme on appelle pudiquement l'indifférence, de l'envie d'aller voir « pour voir » – du côté de chez Mitterrand comme du côté de chez Swann. D'ailleurs il y a un parfum de madeleine dans l'esthétisme politique des socialistes.

Ce qui s'est perdu ou estompé dans les dernières années, c'est la tonalité des événements, le petit effet singulier, prodigieux, qui faisait de quelques-uns d'entre eux une situation paradoxale, originale, sinon explosive. Il me semble (je dis bien : il me semble) que les vingt dernières années, les années soixante et soixante-dix, ont offert une multiplicité d'indices, de péripéties offrant un caractère spirituel, paradoxal, une transversalité, un caractère énigmatique.

Mai 68 fut un événement de ce genre : énigmatique, peu historique, mais avec la puissance du non-sens, un effet pur, de cristallisation soudaine, de conséquence quasi nulle (si ce n'est l'effet de retardement du socialisme), mais intense, un bon moment, somme toute, d'une tonalité singulière.

Il semble que cette tournure un peu prodigieuse ait complètement disparu, que les événements n'aient plus de conséquences énergiques, plus d'élasticité, plus de rebondissement. Est-ce parce que le sol est trop spongieux, ou que nos écrans de contrôle absorbent trop bien d'avance toutes les radiations? Le socialisme est ainsi un *événement-clone,* non sexué, sans tonalité, né purement et simplement de l'histoire de France. Mais on peut en dire autant de la Pologne, dont les épisodes se déroulent sur un fond de monotonie inquiétante. Ce n'est ni le courage ni la détermination des acteurs qui sont en cause, mais les conditions d'apparition de l'événement lui-même : la caisse de résonance de l'histoire ne fonctionne plus, seules résonnent les chambres d'écho artificielles, où l'événement est conçu et forcé et décodé d'avance, livré avec le mode d'emploi : précession de l'histoire morte sur l'histoire vivante. Citez-moi quelque événement qui vous ait surpris dans les dernières années, qui ne fasse pas partie d'une routine cruelle ou d'une solidarité tout aussi rituelle?

Le terrorisme ne nous réveille plus – la dissidence
non plus, il faut le dire. L'intellectuel critique était
le héraut de la négativité, il est devenu le bouffon de
la dissidence. Il faut tenir compte des événements
mous, et ne pas se contenter de dire qu'ils sont « de
fausses réponses à de vrais problèmes ». En l'occur-
rence, c'est le problème de l'école qui est un faux
problème, la manifestation pour l'école libre par
contre est une *vraie* réponse. Une réponse à l'indifférence même des significations politiques, à l'insignifiance de l'école comme propédeutique à une
culture qui n'existe plus, une réponse à l'indifférence
grandissante des relations parents/enfants (justement alors les parents *veulent* choisir l'école de leur
enfant : que celui-ci leur serve au moins à exprimer
un *désir*). Bref, sur un fond d'indifférence radicale,
on se reprend à espérer en la moindre différence.
C'est ainsi que chacun aujourd'hui soulève la question de son identité. Que ce soient les homosexuels,
les camionneurs, voire les partis politiques ou les
syndicats, chacun soulève contre l'État qui incarne
désormais l'indifférence (les démocraties modernes
ne se distinguent des régimes totalitaires que parce
que ceux-ci ne voient la solution finale que dans
l'extermination, alors que les démocraties la réali-
sent dans l'indifférence), chacun soulève sa petite, sa
plus petite différence. Question d'identité. Mais cela
ne donne que des événements mous, l'identité étant
une valeur pauvre, une valeur différentielle par
défaut, à laquelle nous sommes réduits par l'indifférence générale. Et la revendication d'identité n'est
que la contrepartie des idéologies défuntes.

L'âge d'or de la différence est révolu, en philosophie aussi je pense. L'âge d'or de l'indifférence
commence : refroidissement de l'esprit public, indif-
férenciation de la scène politique, revendication
exacerbée d'identité sur fond d'indifférence générale.
Non plus l'orgueil d'une différence fondée sur les
qualités rivales, mais la forme *publicitaire* de la
différence, la promotion de la différence comme effet
spécial et comme gadget. Cela est vrai de la sphère
politique aussi : chaque homme politique, chaque
parti, chaque discours, chaque « petite phrase » est
d'abord son propre objet publicitaire – tous les
mécanismes de l'obscénité (car c'est là le mouvement
même de l'obscénité de notre société) qui furent
d'abord testés sur les objets le sont aujourd'hui sur
les idées et les hommes.

L'obscénité, c'est d'abord la perte d'une scène,
d'une illusion scénique, et donc du secret qui préside
à une action (dans l'ordre sexuel, l'obscénité est la
perte de l'illusion scénique du désir au profit d'une
exhibition, d'une promiscuité directe des corps).
L'exigence qui est faite à chacun de nous d'exhiber
son identité, sa qualification, son look, de manifester
sa différence est obscène. L'instantanéité de toutes les
actions, de tous les messages, la simultanéité de tous
les événements, de tous les discours dans l'information, comme celle de toutes les œuvres dans les
musées d'ailleurs, est obscène. A tous ceux qui
veulent, puisque ceci est devenu le catéchisme de
l'an 2000, faire le salut de la société par l'information et la communication, il faut dire que cette
culture de l'information et de la communication est

une culture pornographique. C'est-à-dire une culture sans secret. C'est d'ailleurs à ce titre qu'elle peut s'universaliser. On a remarqué que la seule littérature vraiment universelle est la littérature pornographique. Ce n'est pas une question de sexe : le porno est notre vraie culture parce que c'est l'extension universelle de la culture elle-même qui est pornographique. On peut en dire autant de notre culture politique : l'obscénité caractérise toutes choses qui passent d'une circulation secrète à une circulation ouverte. Or, pour qu'il y ait du public, il faut qu'il y ait du secret. Pour qu'il y ait un esprit public, et donc une forme politique, il faut qu'il y ait un secret des actes, des volontés, des discours – non pas seulement une qualité secrète de tout cela, mais un partage secret, une circulation secrète, voire une rivalité secrète dans l'action, mais une complicité secrète dans la règle du jeu. Aucun esprit public ne peut résister à la communication pure et simple, au chantage à l'information, à l'extraversion publicitaire des identités et des différences.

Il n'y a pas là de récrimination morale. Cette obscénité est irréversible. Elle peut prendre des touches légères et revêtir des qualités esthétiques. Elle peut n'être, partout, que la translucidité de la mode, la translucidité de toutes choses à la mode et aux modèles. Qu'est d'autre le « look » que cette identité translucide et baroque, la mortification de l'être et de la parure dans le seul jeu des effets spéciaux? Des films entiers, des films de « qualité » sont devenus des objets publicitaires. Prenez *Vivement dimanche*, de Truffaut, ou *la Femme d'à côté* :

toute une classe, celle d'une culture métissée de
gadgets techno- et psychologiques – culture en forme
de désir comme l'air de Satie en forme de poire –, la
classe des cadres promus au fonctionnement de leur
propre cerveau parce qu'on leur a dit qu'il ressem-
blait à un ordinateur, promus à l'expression de leur
propre désir parce qu'on leur a dit que leur inconscient était structuré comme un langage, c'est toute
cette luisance publicitaire d'une subculture émue
jusqu'aux larmes par sa propre convivialité, frisson-
nante de business, enrichie comme l'uranium, embel-
lie des vestiges de l'autogestion et des prestiges de la
communication, c'est tout ça qui passe dans la belle
gueule de Fanny Ardant et dans le style même,
moderniste et autopublicitaire, de Truffaut.

Mais quoi, vous recherchez la profondeur? Non,
pas la profondeur, car celle-ci finit toujours par faire
surface et venir à l'obscénité. Pas la profondeur : le
secret. Or, dans une scène livrée à l'obscène et à
l'information, il n'y a plus de possibilité de secret.
Dans une société livrée à la communication, il n'y a
plus de possibilité de se taire. Dans une société livrée
au changement, il n'y a plus de possibilité d'un
destin. Dans une société vouée à l'échange simulé des
différences, il n'y a plus de possibilité d'un enjeu ou
d'un véritable défi. Dans une société vouée à la bénédiction du socialisme, il n'y a plus de malédiction.

Bataille nous dit qu'il n'y a pas de sociétés sans
une part maudite. Celle dont il faut se débarrasser,
sinon elle se débarrasse de vous. Il faut du *sacrifié*.
Tout ne peut pas être utile et consommé, il faut du
gaspillage, tout ne peut pas être moralisé ni rationa-

lisé, il faut de l'immoral, tout ne peut pas être dit, il faut du silence, tout ne peut pas être mémorisé, il faut de l'oubli, etc. Voilà qui répugne profondément à nos belles âmes de sociologues et de socialistes, qui se sont donné pour tâche d'extirper cette part maudite; mieux, de l'officialiser et de l'apprivoiser, comme on fait des délinquants. Notre part maudite à nous, c'est peut-être cette indifférence, ce refus du politique, ce pacte scellé dans le silence des majorités, dans cette résistance sourde et irrationnelle où se nouent d'autres complicités, et dont aucun contrat social, aucune sollicitation politique ne peuvent venir à bout. Et l'idée d'officialiser cette part maudite, de rendre droit de cité à cette société clandestine (par les micro-media ou les droits de l'homme, par l'audiovisuel ou les espaces de liberté, que sais-je, tous les stéréotypes de l'évangile actuel), l'idée d'abolir ce silence, d'expurger le social de cette malédiction qui résiste à la transparence et ne tient sa force que du secret, cette idée relève du contresens politique fondamental. L'ignorance de cette règle du jeu cachée condamne le socialisme à l'échec, car l'appel à la moralité publique ou à la responsabilité collective est un expédient sans espoir.

Mais peut-être avons-nous basculé déjà tout entiers dans la part maudite, peut-être la société entière est-elle devenue cette part maudite et, derrière l'excès de bruit et d'information, n'y a-t-il plus déjà que du secret et du silence? Comme dit Heidegger : « Plus nous considérons l'essence ambiguë de la technique, plus nous apercevons la constellation, le mouvement stellaire du secret. »

Canetti dit quelque part que la véritable déception
en démocratie, où personne ne prend de décision et
où tout le monde parle de n'importe quoi, vient de
l'absence de secret. Il ajoute même qu'une bonne
part du prestige qui s'attache aux dictatures tient à
ce qu'on leur attribue la force concentrée du secret,
qui dans les démocraties se dissipe à tous vents.
Notre « refus du politique » viendrait ainsi non pas
tant de la vanité de ce qui s'y passe que de la
déception de l'absence de secret. C'est parce qu'il n'y
a pas de secret que les gens se taisent. C'est parce
qu'on leur dit tout et qu'on veut tout leur faire
comprendre qu'ils se taisent. C'est ainsi que l'aura
du politique disparaît avec le socialisme. Sous couleur de vertu et de sincérité, les décisions sont prises
ouvertement et aussi ouvertement démenties. Le
génie de la ruse, de la subtilité, de l'intrigue, le génie
de l'apparence et du semblant, qui laisse au moins
penser qu'il se passe quelque chose du côté du
politique et en préserve l'illusion, les socialistes se
sont donné pour tâche de le détruire et de faire
resplendir la scène morale du politique. C'est alors
qu'éclate la pauvreté de cette scène et de ses acteurs,
la pauvreté de ces tragi-comédiens de la politique à
cœur ouvert, plus hypocrites encore de par cette
prétention morale. Cette candeur trop souvent aussi
se pare du drapé de la sottise, je veux dire de
l'explication, de la pédagogie, de la semonce et du
justificatif. Or le peuple n'est pas sot. Il veut bien
être trompé, mais par plus intelligent que lui. Il ne
veut pas qu'on se trompe pour le tromper. Il
s'incline volontiers devant le mensonge, en hommage

à l'intelligence minimale qu'il faut pour mentir, mais il ne pardonne pas à l'affectation de vérité, par conscience de la bêtise minimale qu'il faut pour y croire. La ressource du peuple est de ne croire à rien, et en particulier il ne croit pas être le « peuple » au sens où les autres le voient, pas plus que les enfants ne croient qu'ils sont des enfants.

Si la crédibilité de la classe politique s'est évanouie, c'est qu'elle croit être l'expression de la volonté d'un peuple qui n'en a pas, qui n'a de sa propre volonté qu'une vision flottante et de la classe politique une vision narquoise.

On a toujours fait crédit au « peuple » d'un certain nombre de qualités immorales : l'incrédulité, la versatilité, la ruse – pas de stratégies, des stratagèmes, pas de morale, des histoires –, l'indifférence, la dissimulation, et ce doit être vrai. Mais alors, n'est-il pas mieux représenté, s'il doit l'être, par une classe politique à son image ?

Le refus du politique était encore jadis un affect politique, voire le signe d'une plus grande passion et d'un dépit amoureux. Mais aujourd'hui, de sujets du politique nous sommes devenus tout doucement sujets de l'indifférence au politique. Mieux : c'est le politique qui se fait objectivement indifférent, c'est son destin de *devenir indifférent à lui-même*. La classe politique n'est même plus crédible à ses propres yeux, ni convaincue de sa propre grandeur (or, c'est ce qui faisait son charme). Il suffit de voir flotter les gens de l'Élysée dans les guenilles du pouvoir, cherchant les formes nouvelles d'un look protocolaire, pour savoir que le pouvoir ne les consume pas. Ils veulent être justes et ne sont qu'arbitraires sans le vouloir. Ils n'ont pas compris que le manque d'orgueil détraque les mécanismes du pouvoir. Ils sont sans illusions sur leurs propres décisions et ne font que courtiser l'histoire de France.

Mitterrand dans un récent discours : « J'ai l'impression que les Français n'aiment pas le film qu'on leur propose... Mais celui d'avant n'était pas brillant non plus. » C'est donc sur une « séquence du spectateur » que se boucle la vie politique française? Sur le choix entre un long métrage de droite et un court métrage de gauche? La France transformée en cinéma d'art et d'essai? A-t-on jamais vu un pouvoir se rapprocher davantage de la désillusion complète sur sa capacité de gouverner?

Le paradis artificiel de la droite, c'était l'abondance. Celui de la gauche aujourd'hui, c'est la crise. Son pressentiment et son irruption dans les années soixante-dix ont ressuscité le parti socialiste après qu'on eut cru sa mort définitive. C'est elle qui reste sa meilleure chance de survie.

Tout le monde s'est installé dans la crise comme principe fantomatique de réalité. Personne n'y croit au fond, mais tout le monde veut s'accorder sur sa crédibilité, sur la probabilité et l'espoir de trouver en elle un compromis « historique » devant l'imminence d'une catastrophe de tout le système. La crise est une façon de distiller la catastrophe à doses homéopathi-

ques – seule cette mouvance indéfinissable de la crise
peut nous épargner l'évidence de notre fin – et, ô
merveille, elle sert en même temps d'alibi politique à
tous les gouvernements.

On ne saura jamais assez gré aux Arabes de leur
coup de force, ou de leur coup de théâtre pétrolier,
qui nous a replongés dans la pénurie, donc dans la
crise, donc dans une nostalgie perpétuelle de la
croissance. Les vertus s'en sont fait immédiatement
sentir : un surcroît de moralité s'est emparé collectivement des nations occidentales, et la crédibilité des
dirigeants, un peu partout défaillante après les
sursauts des années soixante, s'est trouvée largement
ravalée par la gestion de la crise. Mettant fin à
l'utopie énergétique de la croissance, les Arabes nous
en ont rendu l'énergie symbolique, celle de l'austérité
et de la pénurie – à travers la crise ils nous ont rendu
un principe de réalité et de gouvernement. Réelle ou
pas, il nous faut veiller amoureusement sur cette
crise et la gérer sans la résoudre, car elle pourrait
bien cacher quelque chose de beaucoup plus sombre.
Nous sommes sans doute depuis longtemps déjà dans
un autre régime que celui de la croissance : dans
l'excroissance, dont les conséquences sont incalculables.

S'il n'y avait que crise, on pourrait concevoir d'en
trouver la solution dans la formule que tout le
monde aujourd'hui se dispute : affaiblissement des
structures directives au profit des structures interactives, déprogrammation de l'ensemble et reprogram-
mation en souplesse des micro-ensembles, socialisation légère, software et autorégulation. Comme par

hasard, cette prospective merveilleuse marche de pair avec la découverte par la science physique et biologique de tels dispositifs au niveau des organismes complexes : cybernétique moléculaire, microprogrammes, dispositifs aléatoires... Nous avons donc, en ce qui concerne cette nouvelle prospective sociale, la caution de la science la plus avancée quant à l'homme, à son cerveau et à son environnement. Il n'y a rien à objecter à ces données de la science (qui n'échappent sans doute pas non plus à l'engouement et à la mode), mais il y a tout à objecter à la confusion idéale qui s'opère entre ce *modèle* scientifique et une future socialité qu'il est censé préfigurer. Il faut se souvenir que d'autres modèles tout aussi « scientifiques » ont cautionné jadis les modes d'organisation sociale que nous rejetons aujourd'hui. Il faut se méfier profondément de tout ce qui voudrait réconcilier l'homme social, l'homme public, l'homme politique, avec la vérité cybernétique de ses cellules ou de son cerveau. C'est là la dernière et la plus subtile des idéologies qui s'est emparée de l'imaginaire politique. On a dit de la ligne droite qu'elle ne pouvait relier que deux points. Hommes, lieux, idées, si vous les reliez par une ligne droite, ce ne seront plus que des points. Si vous les reliez par un réseau interactif, ce ne seront plus que des cellules (ou des molécules, ou des terminaux)! Si vous les reliez par un laser, ce ne seront plus que des points lumineux... C'est la vengeance de l'analogie. Et si vous voulez faire des hommes des cellules interactives à programmation autonome, méfiez-vous du cancer, de ce phénomène à grande échelle de

prolifération, d'autoprogrammation délirante et sans
fin de la cellule par elle-même. Il n'y a jamais loin
du réseau à la métastase.

C'est dire la douce perplexité où nous plonge cette
futurologie du branchement, du contact et du réseau.
Il y a même un paradoxe amusant à voir les
télévisions nationales exalter la télématique à domicile ou les télévisions de quartier, ou les grands
media délirer sur les micro-media... mais passons. Le
plus grave est qu'il n'y a pas, dans tout ce bouillon-
nement interactif, l'ombre d'un nouvel espace politique ou d'un nouvel esprit public. Lequel n'est
pensable, comme le dit si bien Hannah Arendt, que
dans l'action et l'énergie d'une action, laquelle ne se
pense qu'à travers l'énergie d'un discours. Or il
semble bien que l'interaction, prise dans un sens
communicatif, marque la fin de l'action, prise dans
un sens politique. Toute l'énergie mise en œuvre
aujourd'hui l'est sur des objectifs de circulation, de
diffusion, de distribution, alimentation et rétroaction
des systèmes, de circularité maximale des échanges
comme dans un ensemble biologique. Or la condition
minimale d'un être politique est l'arrachement à cet
être biologique, ou bio-informatique, et la mise en
œuvre d'un discours de rupture, d'un acte de discours (d'un « logos » et non d'un « bio-logos »), qui
fonde la complicité supérieure d'un espace public et,
à l'intérieur de cet espace, une rivalité supérieure à
celle de la promiscuité et de la survie. Si liberté
politique il y a, c'est ça qui marque la liberté, et non
une vague socialité informatique, à la fois énervée et
hystérique, où toutes les molécules s'agitent à la fois

et où nous sommes en train de reconstituer, avec les plus hauts moyens technologiques, les conditions du mouvement brownien.

Qui dit mouvement brownien dit entropie. On peut se demander si, paradoxalement, notre surcroît d'information et de communication n'accentue pas l'entropie. Peut-être l'informatique ne marque-t-elle, contrairement à l'opinion qu'on en a, que la toute-puissance *rétrospective* de nos technologies. C'est-à-dire une possibilité infinie de traitement des données, mais justement seulement des *données,* et pas du tout la chance d'une vision ou d'une détermination nouvelle. Nous entrerions avec elle dans une ère d'exhaustivité – donc aussi dans une ère d'épuisement. D'interactivité généralisée abolissant l'action singulière – d'interface abolissant le défi, la passion, la rivalité des idées, des peuples, des individus, qui fut toujours la plus belle source d'énergie politique.

Certes nous ne serons plus en bureaucratie. La bureaucratie avait trouvé le meilleur usage de la rigidité cadavérique dans le domaine social et politique. Nous avons trouvé mieux : la *souplesse cadavérique,* qui était celle, déjà, des jésuites opérationnels, souples comme des cadavres, et faisant circuler la grâce dans les réseaux mondains. Aujourd'hui l'électronique a remplacé la grâce, elle circule dans les réseaux mi-tétaniques, mi-fluides de l'immense et souple système de communication qui nous sert de mobile. De communication ou de mortification? Car la même stratégie que celle des jésuites, celle de l'indifférence, y fait merveille.

L'informatique n'est pas une révolution, ni du mode de vie (qu'est-ce que c'est que le mode de vie?) ni des « rapports sociaux ». Ou plutôt elle en est une au sens où elle en partage le caractère ambigu : celui d'une promesse fantastique et d'un résultat dérisoire. En tout cas, on ne peut pas dire que ce soit une révolution désirée. Dans l'ère pharaonique des technocrates de châteaux, on n'a jamais autant forcé, sollicité, violé la demande que dans le domaine informatique (implantation Télétel, publicité laborieuse et commentaire à l'infini sur les usages de l'ordinateur domestique...). Or, précisément, à part les grandes entreprises et les grandes administrations, surtout bien sûr le militaire, qui en ont un usage largement bureaucratique, fichiers, archives, mémoires, calcul statistique, et les enfants, qui eux en ont un usage parfaitement ludique, on se demande à quoi la micro-informatique à domicile peut bien servir. C'est même le premier objet de la modernité dont tout le monde se demande à quoi il peut servir. En ce sens il marque sans doute la fin de la société de consommation, dans la mesure où celle-ci était encore un jeu à grand spectacle (comme la scène politique), une folie douce des objets et des besoins. La société de consommation avait encore le charme discret de l'aliénation, et la révolte en faisait partie, la subversion par excès de toutes ces valeurs d'usage, leur dérision, spectaculaire elle aussi.

La nouvelle société promet de fonctionner d'une manière autrement glaciale et non spectaculaire. L'opérationnalité a remplacé l'usage, le contact, le branchement, la promiscuité de l'information remplacent les prestiges de la transcendance (dont l'analyse théorique et critique faisait partie). Promiscuité absolue, excessive. Simultanéité de tous les points de l'espace, du temps, des hommes sous le signe de l'instantanéité de la lumière : plus de langage. Plus de surface (que la surface était belle du temps de la profondeur!), plus de distance (que la proximité était belle du temps de la distance!), plus d'apparences, plus de dimensions : interface et transparence. On parle de proxémique des relations humaines. Il faut bien plutôt parler de *proxénétique de l'information,* des flux, des circuits, qui instituent une proximité de tous les lieux, de tous les êtres humains les uns aux autres, la circularité des questions et des réponses, des problèmes et de leurs solutions. Scatologie de l'information : le rêve d'une conductibilité absolue ne peut être qu'excrémentiel.

Nouveaux espaces de liberté dans tout cela? Seule la programmation est libre. Jadis on pensait que l'individu était aliéné parce que d'autres (l'État, le pouvoir) détenaient toute l'information sur lui. C'est la figure terrifiante du mythe d'Orwell dans *1984.* Mais les choses ont pris une autre tournure. Aujourd'hui, on entrevoit cette vérité : que l'individu ne sera jamais tant aliéné par le fait qu'on saura tout de lui que du fait que *lui* sera forcé de tout savoir de lui-même. L'information, le surcroît d'information sur nous-mêmes, est une sorte d'électrocution. Elle produit une sorte de court-circuit continuel où l'individu brûle ses circuits et perd ses défenses. L'immunité profonde d'un être réside dans sa non-transitivité, dans sa non-conductibilité aux flux mul-

tiples qui l'entourent, dans son secret et l'ignorance
où il est de son propre secret – ce n'est pas un hasard
si aujourd'hui partout la perte des défenses immunitaires coïncide avec le surcroît d'information.

Ce qui est vrai de l'individu l'est aussi du système
entier. Le point oméga d'un système est celui d'une
circulation pure des énergies et de l'information,
vouées par là même à l'indifférence et à la mort.
Dans un tel système, les échanges deviennent impossibles en vertu d'une circularité incessante et de plus
en plus rapprochée (effet Larsen, téléscopage des
effets et des causes, abolition des distances). Chaque
particule y est en suspens devant le seul événement
possible : la rencontre de l'antiparticule équivalente
où elle va s'abolir. Au-delà d'une certaine phase,
caractéristique de cette fin des échanges, tout le
système tend vers ce point fatal. C'est alors que la
réversion du système entier est imminente (et peut-
être le point alpha d'un autre dispositif?).

Quoi qu'il en soit de cette fatalité de l'information,
dont tous les symptômes sont là, simplement contre-
interprétés par une vision optimiste et délirante de
bonne volonté, nous y sommes voués, semble-t-il,
sans retour. Et rien ne sert de pleurer. Tout au plus
ne faut-il pas condamner d'avance, et dans les formes
les plus méprisantes, l'angoisse qui peut nous saisir
devant cette merveilleuse culture informatique et
cybernétique du changement qui impose à chacun de
réévaluer à chaque instant non pas ses *possibilités* de
jouer et de vivre (ça, c'est la liberté), mais ses
probabilités de survivre dans un monde aléatoire et
mouvant. Jeu suprêmement excitant pour les privi-

légiés de l'infoculture, mais pas forcément pour les autres, pour la masse des autres, qui risque tout simplement de se trouver précipitée dans un tiers monde informatique, qui s'épuisera à trouver une autonomie idéale dans la gestion de ses propres affaires – car telle est la forme de la « liberté » dans un univers indéterminé. Cette forme moderne, « postmoderne » de la liberté est éventuellement inacceptable. La responsabilité de chacun devant la gestion probabiliste de sa propre vie, devant son propre recyclage permanent, est éventuellement inacceptable. Et il ne s'agit pas là, comme les chantres de cette nouvelle société de l'an 2000 voudraient le faire croire, d'une résistance nostalgique. Certes tout le monde s'extasie sur la disparition des formes archaïques de pouvoir bureaucratique, sur la « libéralité » (mais justement pas la liberté) d'une société décentralisée. Mais on peut aussi bien y lire une sorte de revanche de l'État en perdition, qui annihile la société civile, ou ce qu'il en reste, en s'y injectant, qui neutralise chaque molécule de cette société en la programmant et en la responsabilisant sur ses propres objectifs. L'État translucide, transfuge, politiquement absent, veille encore sur la société civile transparente, médiatisée, socialement absente.

Certes nous y gagnons de nous débarrasser peu à peu de l'abomination du politique et de l'État (si les choses veulent bien évoluer dans ce sens, car les mégastructures de la technologie, de la finance, de la science et de l'armée résistent allègrement à ce délestage en souplesse et ne feraient plutôt que se renforcer), mais au profit sans doute d'une autre

abomination – celle du changement, de la communication, de l'information et de la performance à tout
prix.

Et l'angoisse dont nous parlons n'est pas vaine,
car elle fait écho à la situation mondiale d'affrontement des deux blocs. Cette angoisse devant la fin des
conquêtes sociales, devant la décolonisation du social,
peut saisir des populations entières et elle peut
mener à plus ou moins long terme à l'acceptation
d'une prise en charge à n'importe quel prix. Et le
problème peut se poser alors d'une nouvelle servitude volontaire à l'échelon mondial, en relation avec
l'existence des États totalitaires. 1984 est une bonne
date pour repenser ces choses-là et donner sans doute
quand même raison à Orwell, mais dans un sens
inhabituel. Car la vision habituelle est celle de
l'*impérialisme* des systèmes totalitaires. Dans cette
perspective, on dit ou bien qu'il a relativement
échoué et que la prophétie ne s'est pas réalisée, ou
bien qu'il triomphe partout dans le monde, ce qui
n'est pas vrai non plus. Or le véritable danger pour
les « démocraties » occidentales n'est pas celui des
blindés ou des fusées russes et de leur déferlement
éventuel, ce n'est pas celui d'un rapport de forces
militaires, ni celui d'un rayonnement révolutionnaire. Le modèle totalitaire, corps froid sans rayonnement propre, est profondément *défensif* : il a déjà
bien du mal à maintenir son propre blocus et à
refroidir ses propres énergies. Il n'a jamais bien

réussi à l'exportation, que ce soit par la violence ou l'infiltration. Sa puissance de rayonnement est nulle, sa stratégie politique lourde et archaïque, et le vrai problème est plutôt celui de sa fragilité interne, contre laquelle il peut être tenté de se défendre par des solutions extrêmes. Bien des gens à l'Ouest jouent à se faire peur de ce côté-là (pour quelles raisons secrètes?), mais le problème est ailleurs.

Il est dans la séduction collective qui peut commencer de naître, à l'Ouest même, pour la structure totalitaire. Là est le véritable avatar mondial de la prophétie d'Orwell, la tentation latente d'un univers de style *1984,* presque insaisissable à présent, mais qui peut se renforcer sous la pression même du libéralisme – quelque chose comme un glissement de préférence de la liberté vers la servitude volontaire. Par peur? Peur de quoi? Toutes les interprétations en termes de passivité ou d'impuissance, pleurant sur l'écrasement des droits de l'homme et la mystification des masses, sont suspectes.

Cette servitude volontaire, il ne faudrait justement pas la prendre pour une servitude *involontaire,* forcée, et s'en tenir au même argument : le complot d'une bureaucratie contre la volonté populaire, le complot de l'État contre la société civile – argument misérable s'il en fut, puisqu'il consacre la misère objective *et subjective* des peuples, en la déplorant. Au lieu de pleurer sur l'écrasement des libertés, il faudrait se demander, en toute liberté d'esprit justement : *y aurait-il une raison de ne pas choisir la liberté?*

Celle-ci : tout s'annule dans l'ambiance homogène du libéralisme et du changement. Non seulement les

protections offertes par la société étatique et bureaucratique, protections matérielles et idéologiques en
tout genre, tombent sous le coup du délestage des
structures et des mentalités, et on voit alors resurgir
le néoreligieux, à l'Ouest aussi, avec la bénédiction
de notre pape télévisuel, lifté et pomponné à l'image
du changement, mais toute détermination personnelle et collective disparaît dans cette « libéralité »
qui correspond bien plus à la vitesse de libération
d'un corps dans le vide. On peut ne pas être candidat
à la sécurité à tout prix et refuser pourtant l'auto-
nomisation forcée. Il s'agit peut-être d'un modèle
plus avancé de régulation sociale, d'un modèle « en
douceur », mais qui sécrète une allergie et une
angoisse spécifique, et cette angoisse des sociétés
libérales indéterministes, des sociétés de peu de
pouvoir, mais de peu d'espoir, renforce continuellement le modèle d'Orwell – la fascination, non plus
directe comme dans le modèle stalinien, mais indi-
recte et à long terme, de ce modèle.

Autre aspect : on peut ne pas être candidat à
l'oppression et néanmoins consentir de vivre dans des
conditions visibles d'oppression, car alors la détermination politique, la négativité et donc l'intériorité, est
sauve.

Quand on voit les dirigeants du Kremlin, cette
kyrielle sépulcrale de vieillards lymphatiques, on ne
peut que se pâmer d'horreur. Mais il faut penser à ce
paradoxe : que sous ce pouvoir directorial froid
couvent sans doute des sociétés chaudes, des sociétés de
libertinage sexuel et civique, à défaut de liberté, tandis
que nos pouvoirs affectueux et libéraux enveloppent

des sociétés froides, dont la dernière lueur et chaleur politique se portent d'ailleurs vers la dissidence, c'est-à-dire vers l'abjection de l'autre modèle.

Les pays de l'Est seraient dans ce sens une sorte de sanctuaire, de musée ou de frigidaire de la société civile (un jour on s'apercevra que la glaciation a conservé là-bas des formes et des espèces depuis longtemps disparues chez nous). Une société proscrite par l'État, mais d'autant plus puissante dans ses mécanismes de clandestinité, dans son imagination défensive, alors qu'à l'Ouest la société civile devient inexistante – nous devenons inexistants à l'image de la chose publique.

Oui, mais là-bas l'État est abject. Certes, mais ils en tirent au moins un bénéfice absolu : la haine du pouvoir, la conscience de l'abjection réelle du politique et de la classe politique – ce qui n'est pas rien. *Nous* n'avons pas ce bénéfice de l'abomination du politique. Nous vivons dans une complicité libérale avec l'utopie d'un pouvoir qui se dessaisirait de lui-même pour nous en investir, c'est-à-dire *en pleine simulation* – de participation, d'autonomie, d'écosociabilité bien tempérée, etc., toutes choses qui relèvent véritablement du simulacre, et par rapport auxquelles on peut – je dis bien : on peut – préférer une violence plus claire des rapports sociaux. De toute façon, le surcroît de contraintes visibles qui pèsent sur les régimes totalitaires est faible par rapport à la somme de contraintes presque invisibles à laquelle nous nous résignons en Occident (dans la liberté, le bonheur et la facilité!) de par l'acceptation du social lui-même. Notre servitude volontaire vaut bien la leur. Tout le fondement de l'acceptation massive, de la détermination de masse par le social est le même, et les destins sont moins différents qu'on ne pense. Pour neuf dixièmes il est le même, et la frange libérale de nos sociétés n'est qu'un épiphénomène, précisément parce que la sphère du politique y est tombée en telle désuétude que le problème de la liberté ne peut même plus y être posé.

« Quant à la liberté, elle cessera bientôt totalement, et sous toutes ses formes. Vivre dépendra d'une soumission absolue à des dispositions rigoureuses qu'il ne sera plus possible de transgresser. Le passager d'un avion n'est pas libre. Les passagers de la vie future le seront encore moins : ils franchiront leur durée attachés à leur siège. »

SAN ANTONIO.

Si la différence entre nos démocraties occidentales et les systèmes totalitaires était si flagrante, il y a longtemps que notre paradis aurait absorbé leur enfer. C'est bien ce que l'Occident, convaincu de son bon droit, n'a cessé d'espérer. C'est ainsi qu'on a cru dépasser, un peu vite, le modèle d'Orwell dans une forme plus occidentale, plus subtile, d'anesthésie sous contrôle des sociétés modernes. Demandons-nous si n'existe pas toujours la possibilité d'une inclination progressive de ces sociétés vers un modèle plus dur et plus disciplinaire, mais qui présente tous les avantages symboliques et les bénéfices clandestins dont nous sommes dépouillés ici : car les signes du bonheur et de la liberté ne sont plus, à long terme, d'aucun secours.

Mais si aucun des deux n'a dévoré l'autre, c'est peut-être aussi qu'il n'y a ni paradis d'un côté, ni enfer de l'autre, mais tout simplement deux paradis (artificiels?) de part et d'autre. Car là-bas, c'est bien le paradis sur terre, comme le dit Zinoviev. Et l'Amérique aussi est une utopie réalisée. Chacun à sa façon a réalisé une utopie. D'un côté, c'est l'immanence d'un idéal : la liberté, le droit, le bonheur, la puissance. De l'autre, c'est l'immanence de l'idéologie et de la bureaucratie. A vous de rêver! De toute façon, l'un et l'autre ont pour eux l'immanence, la puissance de l'immanence. Ici en Europe nous n'avons jamais fait que rêver, courir derrière l'histoire et nos idéaux impossibles et rater nos révolutions. Là-bas ils les ont réussies (ça, c'est le paradoxe). A l'Est comme à l'Ouest quelque chose s'est vraiment matérialisé, définitivement *réalisé* (et ça, c'est le paradis). Donc, c'est paradis contre paradis et, de quelque côté qu'on se tourne, notre seule tâche est d'échapper au paradis.

C'est une perspective toute nouvelle. Jusqu'ici, notre histoire, matérielle, spirituelle, est faite d'un effort surhumain pour échapper à l'enfer, que ce soit la damnation ou la misère, pour échapper au Mal, et cette perspective fondamentalement morale nous domine encore, mais c'est elle qui fait notre faiblesse. Car aujourd'hui, c'est contre le paradis qu'il faut se battre, et on ne se bat pas contre le Bien avec les armes traditionnelles qui étaient celles de la lutte contre le Mal. C'est pourquoi toute la résistance aux systèmes totalitaires en termes d'indignation, de solidarité, de droits de l'homme, etc., est parfaitement impuissante, puisqu'elle n'y voit qu'un enfer à liquider, *alors que c'est déjà un paradis*. C'est pourquoi la dénonciation qu'en fait Zinoviev en termes de paradis et d'entreprise paradisiaque me semble bien plus subtile. Désignation factuelle et ironique, oui, mais c'est que la résistance au paradis suppose d'autres qualités et d'autres stratégies. Lutter contre le Bien engage un processus immoral, un processus ironique, un processus paradoxal. Seul le paradoxe peut mettre fin aux orthodoxies, seule l'ironie peut mettre fin au paradis.

C'est bien ainsi que j'avais conçu toute cette petite chronique de la gauche, de sa misère et de son triomphe (?). Rétrospectivement, je vois que je n'ai parlé que de « paradis » : la « lutte enchantée »... l' « extase du socialisme »... la « gauche divine »... les « paradis artificiels »... Et c'est bien que l'objection fondamentale faite à la gauche est cette *divinité* – cette façon candide, transparente, vertueuse et morale de se croire représentative des valeurs profondes, des valeurs définitives de l'histoire. Je dis que la gauche est « divine » comme Zinoviev dit que l'U.R.S.S. est « paradisiaque », cela dit sans analogie sacrilège, mais la même ironie vaut pour la même prétention.

La droite aussi se prétend représentative de valeurs profondes, mais c'est par simple tradition et légitimité, non par décret moral et historique de la Raison. C'est dans cet arbitraire que la droite, même si elle fait appel aux valeurs morales, trouve l'immoralité de gouverner. Tandis que la gauche, parce qu'elle fait appel à la vraie moralité – celle qui divinise le cours de l'histoire dans le sens du Bien et du bonheur –, se voit constamment contrainte de se disculper d'être au pouvoir et de se sacrifier, comme elle l'a fait souvent, sur l'autel de la droite. C'est sa divinité qui empêche la gauche de gouverner avec tous les moyens dont elle pourrait disposer. A l'inverse de la droite, c'est sa moralité profonde, en dépit de tous les stratagèmes immoraux dont elle use elle aussi, qui fait obstacle à l'exercice du pouvoir. L'hypocrisie de la droite est plus traditionnelle : elle prétend à la morale, et elle est foncièrement immorale. L'hypocrisie de la gauche est paradoxale : elle est foncièrement morale, mais elle prend des airs de Realpolitik intransigeante, des airs de gouverner, des airs de cynisme et d'arbitraire. Rien n'est plus touchant que d'entendre Mitterrand dire qu'il gouverne seul et qu'il entend être le chef, rien de plus touchant que de voir les socialistes envoyer énergiquement des corps expéditionnaires dans les anciennes colonies, à l'encontre de tous leurs principes – « Ah ! mais, on va voir ce qu'on va voir ! » Cynisme, politique de force ? Si seulement... Non, la dureté chez eux, la ruse, l'arbitraire ne sont pas crédibles, ils se font plus immoraux qu'ils ne le sont, et c'est là leur malheur.

Pas le plus petit coup de force. Oh ! ne parlons pas

de dictature (même le prolétariat a dû renoncer à la sienne, heureusement il n'était pas là pour recevoir ce coup de grâce), mais simplement de ce petit coup d'orgueil et de prestige qui, toute moralité cessante, eût fait passer l'Expo de 89 ou le référendum (peu importe sa valeur politique, c'est le défi symbolique qui compte) en dépit de Chirac ou du Sénat. Au lieu de cela, l'impression persiste que l'homme politique est prêt à saisir la moindre occasion pour renoncer à sa propre décision, mettre la droite en position fausse et récupérer sa propre position morale – sa divinité frileuse. C'est ce qui donne aux figures socialistes cet air faussement honnête – intérieurement peu convaincues et donc peu convaincantes : la vertu et l'innocence toujours suspectes d'avoir la main dans le sac. Ils n'en finiront jamais de faire la preuve de leur bonne foi ni de donner au peuple des réparations morales (sous forme entre autres d' « avantages sociaux ») du fait d'être gouverné. Rien de pire que la mauvaise conscience politique, qui vient directement de la bonne conscience morale.

Il faut dire à l'honneur, ou au déshonneur, de la gauche qu'elle a tout fait pour ne pas venir au pouvoir (les communistes surtout, mais les socialistes aussi, en s'indexant sur ce poids mort qu'était le P.C.), qu'elle y a en quelque sorte été portée malgré elle, par le jeu de l'insatisfaction et du changement (l'ennui de la droite) et par réflexe électoral ironique des masses, à la fois chargé d'espoir et sans illusions. En tout cas, elles ne l'ont certainement pas élue pour obtenir réparation morale de leur sort, mais pour lui voir jouer le Grand Jeu. Le pouvoir n'est rien s'il n'est pas un coup d'éclat et, une fois élu, il doit dépasser son élection, il ne doit pas s'embarrasser d'idées, mais ouvrir une scène, produire un espace, faire en sorte que tout le monde veuille l'exercer, au lieu d'occuper sa place vide, réveiller les passions politiques, la passion du politique – ce qui suppose qu'il ne soit pas réduit à un instrument de gestion de la société, ni non plus à un monopole qui absorbe la société, mais redevienne une finalité en soi, un jeu, un espace où la société se joue en direct sur sa propre scène.

Si le pouvoir est action, il est éventuellement traître à ses idées. Cette traîtrise est transparente et n'a rien de l'hypocrisie qui consiste à porter ses idées dans la sphère du pouvoir, où elles ne peuvent qu'être démenties par son exercice et créer continuellement une situation fausse (celle qui dure depuis 1981). Et qu'on n'oppose pas cette traîtrise du pouvoir à la sincérité et à l'innocence du peuple – autre versant de la même naïveté politique : le peuple n'est ni sincère ni innocent, *et il ne tient pas à être représenté comme tel*. Les masses sont parfaitement traîtresses dans leur versatilité, elles ne savent pas ce qu'elles veulent et elles en jouent, c'est au pouvoir en quelque sorte à jouer jeu égal avec elles sur ce terrain. Le peuple veut être défié politiquement, sinon il ne renvoie au pouvoir, comme c'est le cas dans nos démocraties avancées, que le défi de son indifférence. Par là il joue encore avec le pouvoir, mais il joue avec un pouvoir mort. La scène n'y est plus, ni l'illusion, ni la passion. L'enjeu n'est donc pas de réveiller le peuple comme représenté et représentatif, dans un petit jeu de participation

molle, il est de le réveiller comme partenaire, et
éventuellement comme adversaire. A défaut de cela,
on peut au moins se proposer de lui offrir un beau
spectacle, et non pas celui de la résignation de son
propre exercice. Rien de plus triste pour tout le
monde. La mélancolie des hommes au pouvoir ne
guérit pas le peuple de ses misères.

J'oubliais pourtant que le socialisme de juin à
septembre 84 est enfin devenu traître à ses propres
idées. Est-ce là le signe d'un réveil de l'imagination
politique? Devrons-nous réviser notre hypothèse?
Le socialisme aurait-il perdu sa divinité, sa candeur? Va-t-il procéder à son lifting en même temps
qu'au lifting radical de la société française? Il est
possible que ce ne soit que nous introduire de plus en
plus à la « vérité de l'économie » et à une solution
« courageuse » de la crise. L'apostasie des idées
n'aura donc servi qu'à rétablir la vérité (mais où
était-elle donc, on nous l'avait cachée?) – donc de
nouveau une position morale mais qui s'inverse : on
met entre parenthèses le social et le socialisme tout
en prétendant garder l'avantage symbolique. Quand
on sait que cette « vérité de l'économie » est encore
plus impalpable que celle de n'importe quelle idéologie, on tremble devant ce spectre élevé au statut de
nouveau fatum de la modernité, et on se demande
quel peut être pour les socialistes le prix de cette
apostasie, sinon de rouvrir l'espace électoral de 86 et
de 88. Sont-ils en train de se sacrifier en beauté ou ne

sont-ils préoccupés que de se succéder à eux-
mêmes ?

Les socialistes ont décommandé d'eux-mêmes leur
rendez-vous avec l'histoire. Ils ont raison. Elle n'y
serait pas venue de toute façon. Il n'y aura pas
d'échéance critique de ce siècle, mais plutôt récession
des enjeux. Par contre, en reniant de plus en plus ses
idées et son capital historique, qui est devenu un
contentieux impossible à gérer, le socialisme peut
prétendre devenir le gestionnaire politique de cette
fin de siècle. La droite est *a priori* mieux placée pour
l'exercice du pouvoir dans le vide. Mais il n'est pas
sûr que la gauche ne puisse l'emporter sur elle si elle
va assez loin dans le reniement. Il faut que le
socialisme se désagrège de plus en plus au contact du
pouvoir (pour cela il faut qu'il y reste longtemps
encore). N'ayant pas vraiment voulu du pouvoir, ne
l'ayant qu'*attendu* comme une consécration historique et n'ayant jusqu'ici jamais vraiment réussi à
l'exercer, il est condamné à y rester pour que soit
levée définitivement l'hypothèque de cette vision
pieuse du social et de l'histoire à laquelle nous avons
été accoutumés depuis les Lumières. Il est condamné
à se renier de plus en plus pour que soit levée
l'hypothèque de sa « divinité » (et de la nôtre), de la
conscience idéaliste et malheureuse née des révolutions ratées du XIXe siècle.

Nous connaissons le vide social et politique, de
plus en plus long, qui précède l'échéance des élections. Toute initiative est suspendue, les jeux sont
faits, rien ne va plus, la société est gelée d'avance.
Pure simulation d'ailleurs, car le verdict des élections

lui-même est indifférent. De plus en plus, chaque pouvoir politique s'emploie à geler la société dans cette sorte de suspense électoral, d'extase du suffrage ou du sondage. On a l'impression que l'approche de l'an 2000 suffit à geler les sociétés politiques de la même façon. Une plage vide du temps s'est installée depuis le début des années quatre-vingt, et qui va durer, comme dure la crise, par dissuasion, de peur qu'il se produise autre chose de trop grave. Si on le pouvait, on suspendrait le temps avant qu'advienne cette échéance millénaire. Ou, plutôt, cette peur du millénaire et de toute convulsion métaphysique ou historique symbolisée par sa proximité est déjà là : elle se réalise dans l'indifférence collective au déroulement politique des sociétés. Nous assistons à une sorte de fin des enjeux posés au siècle antérieur sans que personne ait vraiment le désir ou le pressentiment de quelque chose d'autre. Et l'euphorie de la nouvelle société informative ne réussit pas à masquer cette récession mentale dans l'indifférence, ce ralentissement du temps au fur et à mesure qu'il se rapproche de son terme. Elle *est* un des aspects de cette récession mentale. Il en est de nous comme, dans *2001,* des voyageurs dans l'espace en coma dépassé, sous la surveillance de l'ordinateur. L'information, la communication maintiennent le corps social en état de survie, toutes les fonctions vitales continuent, circulation, respiration, métabolisme, tonus cardiaque, régénération des cellules – exactement comme pour les fonctions biophysiologiques des passagers du vaisseau. Simplement la vie n'y est plus. Dans nos sociétés non plus, en quelque sorte, la

vie n'y est plus, mais l'information et les fonctions
vitales continuent. Bien sûr les passagers doivent se
réveiller en temps voulu – sauf si l'ordinateur, par
esprit de vengeance ou de malignité, les débranche, et
dans ce cas ils n'atteindront jamais leur but. Il y a
peu de risques jusqu'ici de déconnexion des fonctions
vitales, mais nous sommes déjà déconnectés plus ou
moins de notre histoire et de la fin de notre histoire.
C'est ainsi que le temps peut se ralentir au fur et à
mesure qu'il se rapproche de son terme et que
l'an 2000, en quelque sorte, n'aura pas lieu.

C'est vrai : nos sociétés changent. Ce n'est plus
tellement l'atmosphère policière qui nous pèse, ni les
servitudes du travail, c'est l'atmosphère performante
qui nous pompe l'air. Littéralement, l'euphorie, le
dumping, l'accélération absorbent tout l'oxygène
ambiant et nous laissent sans respiration, comme des
poissons sur le sable. Ce n'est pas l'espoir, la liberté,
les objectifs qui manquent, c'est l'air. L'impression
n'est plus tellement celle d'une cellule où l'espace
manque que celle d'une bulle où l'air se raréfie.
Nous sommes oppressés et non plus opprimés. Cet
effet d'aspiration fantastique, de succion, de raréfac-
tion vient-il de l'approche de la fin du siècle ? Ne
nous agitons-nous que pour y échapper ? Nous
mimons déjà, par avance, le vingt et unième siècle,
pour faire l'économie d'une transition dangereuse.
Nous nous envoyons en l'air dans la prospective pour
exorciser le manque de perspectives. Nous accélérons
pour franchir le cap du millénaire sans nous en
apercevoir. Enlever toute fatalité à cette date fati-
dique, à ce dernier événement symbolique qui nous

reste. Les années qui viennent sont déjà sacrifiées. Elles ne comptent déjà plus. Elles sont déjà tombées dans le cône d'ombre des années deux mille, elles s'effacent dans la pénombre de la vitesse. Nous aurons du mal à y voir quelque enjeu se relancer, quelque destin s'accomplir, car tout s'engouffre déjà dans le sillage de cette sorte de performance olympique que l'humanité s'impose collectivement. Orwell avait encore beau jeu de fixer une échéance : 1984. Ce dont nous sommes menacés, nous, c'est plutôt, après l'étalement des vacances, de l'étalement du temps lui-même, de sa dispersion dans l'instantanéité du changement. Dans l'exaltation d'une circulation ininterrompue et d'une actualité incessante, les sociétés perdent même le fil de leur évolution. C'est comme dans la vitesse : l'accélération fait perdre le sens de la destination. L'hystérie du changement cache l'hystérésie des processus, en particulier du processus historique, qui ne s'arrête pas vraiment, mais ne fait que se prolonger, durer par inertie, et semble comme immobilisé dans sa propre course. Les compteurs de l'histoire se sont arrêtés à l'Est sur le communisme, à l'Ouest sur une société « libérale » prise dans sa propre excroissance. Il n'y a pas tellement de jeu dans cette conjoncture pour des stratégies politiques originales. Celui qui occupe la scène au moment où les compteurs s'arrêtent a bien des chances d'y rester. Il n'est pas exclu que le socialisme en France profite d'une chance de cet ordre, celle non pas de faire, mais de prolonger l'histoire. Après l'extase, l'hystérésie du socialisme ?

COLLECTION « FIGURES »
dirigée par Bernard-Henri Lévy

Galvano Della Volpe, *Rousseau et Marx.*

Jean-Toussaint Desanti, *Un destin philosophique.*

Laurent Dispot, *la Machine à terreur.*

Jean-Paul Dollé, *Voies d'accès au plaisir.*

Jean-Paul Dollé, *l'Odeur de la France.*

Jean-Paul Dollé, *Danser maintenant.*

Michel Guérin, *Nietzsche. Socrate héroïque.*

Michel Guérin, *Lettres à Wolf ou la répétition.*

Gérard Haddad, *Manger le Livre.*

Heidegger et la question de Dieu (sous la direction de R. Kearney et J. S. O'Leary).

Jacques Henric, *la Peinture et le Mal.*

L'Identité, séminaire dirigé par Claude Lévi-Strauss, 1974-1975.

Christian Jambet, *Apologie de Platon.*

Christian Jambet et Guy Lardreau, *l'Ange.*

Christian Jambet et Guy Lardreau, *le Monde.*

Guy Lardreau, *la Mort de Joseph Staline.*

Michel Le Bris, *l'Homme aux semelles de vent.*

Michel Le Bris, *le Paradis perdu.*

Dominique Lecourt, *Bachelard. Le jour et la nuit.*

Bernard-Henri Lévy, *la Barbarie à visage humain.*

Bernard-Henri Lévy, *le Testament de Dieu.*

Bernard-Henri Lévy, *l'Idéologie française.*

Thierry Lévy, *le Crime en toute humanité.*

Claude Lorin, *l'Inachevé* (Peinture-Sculpture-Littérature).

Jean-Luc Marion, *l'Idole et la Distance.*

Anne Martin-Fugier, *la Bourgeoise.*

Anne Martin-Fugier, *la Place des bonnes.*

Philippe Nemo, *l'Homme structural.*

Philippe Nemo, *Job et l'excès du mal.*

Pasolini, séminaire dirigé par Maria Antonietta Macciocchi.

Françoise Paul-Lévy, *Karl Marx, histoire d'un bourgeois allemand.*

Philippe Roger, *Sade. La philosophie dans le pressoir.*

Guy Scarpetta, *Brecht ou le soldat mort.*

Guy Scarpetta, *Éloge du cosmopolitisme.*

Michel Serres, *Zola. Feux et signaux de brume.*

Daniel Sibony, *la Juive : une transmission d'inconscient.*

Daniel Sibony, *l'Amour inconscient.*

Bernard Sichère, *Merleau-Ponty ou le corps de la philosophie.*

Bernard Sichère, *le Moment lacanien.*

Alexandre Soljenitsyne, *l'Erreur de l'Occident.*

Philippe Sollers, *Vision à New York.*

Gilles Susong, *la Politique d'Orphée.*

Armando Verdiglione, *la Dissidence freudienne.*

Armando Verdiglione, *Fondations de la psychanalyse, I. Dieu.*

Giambattista Vico, *Vie de Giambattista Vico écrite par lui-même.*

Claude Vigée, *l'Extase et l'Errance.*

Claude Vigée, *le Parfum et la Cendre.*

Achevé d'imprimer
le 11 janvier 1985
sur les presses de
l'Imprimerie Hérissey
à Évreux (Eure)
pour le compte des Éditions Grasset

Imprimé en France

Dépôt légal : janvier 1985
N° d'édition : 6595 — N° d'impression : 36303
ISBN 2-246-34371-2